积极老龄化 农村老年教育的实践

——农村社区学习中心（CLC）能力建设项目案例集

谢国东 ◎ 主编

河海大学出版社
·南京·

图书在版编目(CIP)数据

积极老龄化：农村老年教育的实践：农村社区学习中心(CLC)能力建设项目案例集 / 谢国东主编. -- 南京：河海大学出版社，2022.8
 ISBN 978-7-5630-7668-0

Ⅰ. ①积… Ⅱ. ①谢… Ⅲ. ①农村－老年教育－教案(教育)－中国 Ⅳ. ①G777

中国版本图书馆CIP数据核字(2022)第152532号

书　　名	积极老龄化　农村老年教育的实践
	——农村社区学习中心(CLC)能力建设项目案例集
书　　号	ISBN 978-7-5630-7668-0
责任编辑	龚　俊
特约编辑	梁顺弟
特约校对	丁寿萍
封面设计	徐娟娟
出版发行	河海大学出版社
地　　址	南京市西康路1号(邮编：210098)
电　　话	(025)83737852(总编室)　(025)83722833(营销部)
经　　销	江苏省新华发行集团有限公司
排　　版	南京布克文化发展有限公司
印　　刷	苏州市古得堡数码印刷有限公司
开　　本	718毫米×1000毫米　1/16
印　　张	11.5
字　　数	171千字
版　　次	2022年8月第1版
印　　次	2022年8月第1次印刷
定　　价	80.00元

编委会

主　编：谢国东
副主编：蓝　建　张可伟　赵奕一　蒋根兴
编　委：（按姓氏笔画排序）
马　博　王小燕　王华根　王勇士　王禄久
王新双　王　翾　方拥军　冯卫国　刘建国
孙志鹏　孙桂英　李卫东　李　平　杨杰军
吴　皓　何忠益　沈佳平　陆仁新　陈建林
金建国　赵　伟　胡小林　顾美娟　高道泰
展月萍　曹　立　蒋晴翠　蔡国庆　蔡明勇

序 preface

　　人口老龄化问题是世界各国发展中面临的最重要挑战之一。中国是一个发展中国家，人口基数大，人口老龄化进程迅速。据有关部门统计，2015年底我国60岁以上人口已近2.22亿，占全国人口的16.15%；2018年底达到2.49亿，占全国人口的17.9%。预计未来20年我国人口老龄化形势将更加严峻。一方面老年人是国家和社会的宝贵财富，另一方面老年人的教育和赡养又是一个棘手的问题。我国政府十分重视并积极应对人口老龄化问题。近年来，政府修订了《中华人民共和国老年人权益保障法》(2018年修正)，颁布实施了《关于加快发展养老服务业的若干意见》(国发〔2013〕35号)等重要文件，特别是2016年国务院办公厅颁布了《老年教育发展规划（2016—2020年）》，提出了一系列积极应对老龄化、加快发展老年教育的政策与举措，老年教育得到迅速发展。截至2019年，中国约有7.6万所老年大学（学校），在校学员约有1088.2万人，还有上千万的老年人通过远程教育、社区教育等形式参与终身学习，基本实现了"老有所教、老有所学、老有所为、老有所乐"的老年教育目标。老年人的生活健康状况得到了极大的改善，生活质量提高，寿命得到延长，成功走出了一条由政府主办、社会参与的老年教育的新路径。

　　但是，在国家"未富先老"和"未备先老"的现状下，人口老龄化面临的挑战依然严峻。特别是广大农村地区，随着中国农村经济社会的改革和发展，城镇化的迅速推进，农村人口的比例自二十世纪九十年代以来快速下降，而由于农村青年进城打工，农村老龄人口的比率比城市高很多，农村的社会环境较之过去也有很大的变化。部分农村老年人还面临包括贫困、疾病、无收入、无人照料的窘境，因此，农村老年人的生存生活技能、心理和健康状况令人担忧。

农村社区学习中心（CLC）——作为农村村民终身学习的基地和场所，在提高农村老年人生存技能和改善身心健康状况方面，发挥了积极作用，任重道远。为此，农村社区学习中心（CLC）能力建设总项目组决定与中国教科文全委会秘书处、联合国教科文组织驻华代表处、苏州市教育局等单位合作，于2018年9月17日—19日在江苏省苏州市的张家港市举办了以"积极老龄化——提升农村老年人生存能力"为主题的培训研讨会。

研讨会通过专家报告、交流研讨、参观考察等活动，取得圆满成功，并形成共识。"积极老龄化"不仅是一种理念、一种政策、一个口号，更是各国政府解决老年人生活困境的重要举措，规划社会发展的重要战略，从根本上改变过去那种对农村老人"以依靠他人为基础"的思维模式，把农村老人看成是被照料、被服务、被教育、被帮助的乡村弱者或负担。"积极老龄化"倡导"以权利为基础"的思维模式，即承认农村老人应有的权利，包括被照料、独立、参与、尊严和自我实现。

研讨会分享了各地开展农村老年教育的经验与成功案例。我国广大农村正在开展以农村老年人生活为中心的多样化的教育与培训活动，旨在使农村老年人生活充实、丰富，享受参与的快乐和尊严；帮助农村老年人改善生活质量和健康状况，减缓其衰老化进程，减少对他人的依赖，获得有质量有价值感的生活。

研讨会使与会者学习领会"积极老龄化"的深刻内涵，从而树立做好这项世界性工作的信心和确立明确的目标。为了让这项工作取得更快更好的成果，项目组决定编写一本反映中国农村"积极老龄化"过程中提升农村老年人生存能力、促进乡村振兴的"中国故事集"。

除了收集会议上交流的优秀经验和案例，项目组还在更大范围内发动收集开展老年教育的经验、案例等相关材料，并将这些经验和成果筛选、归类，形成了这本"中国故事集"。该书共收集23个典型案例，分六个部分，包括老年教育创新、学习文化、参与社区建设服务、传承与发扬传统文化、营造老年教育氛围、日常老年教育等。这些生动鲜活的经验和范例，可作为各地农村参照、学习和借鉴的榜样，在践行中逐步形成有效的、可操作的教育新模式，为更多农村老年人服务。更为重要的是，这些经验和案例体现出农村老年人仍具有智慧、活力和学习能力，能融入乡村社区的各项活动，并发挥他们的作用。因此，农村老年人仍然是农村社会发展的一支重要力量。

为了使农村社区学习中心（CLC）项目点以及广大农村社区教育干部能够有更大的收获，我们同时编译了12个国家老年教育发展的现状、政策和措施，既包括欧美、日韩等经济发达国家，也包括智利等发展中国家。希望我们的老年教育工作者在学习分享这些国家的政策措施中得到启发、开阔视野，从而把我们的老年教育工作做得更好。

无论是组织培训研讨会还是编选农村老年教育的"中国故事集"，编译、学习、借鉴世界各国老年教育开展情况，都是为贯彻落实国务院办公厅《老年教育发展规划（2016—2020年）》提出的指导思想、主要任务而应做的一点努力。是为实现联合国确定的"2030年可持续发展目标"及教科文组织"教育2030议程"——"确保包容和公平的优质教育，让全民终身享有学习机会"的愿景做出一点小小的贡献。

"积极老龄化——提升农村老年人生存能力"是"农村社区学习中心（CLC）能力建设项目"的子课题之一。"农村社区学习中心（CLC）能力建设项目"在教育部职业教育与成人教育司、中国教科文全委会秘书处、联合国教科文组织驻华代表处的支持和指导下，已经坚持十多年，取得一些成果，特别是"农村社区学习中心为残疾人服务子项目"成果已经成为联合国教科文组织终身学习研究所（设立在汉堡）收录的成功案例，与世界各国分享。另外，成人基本文化教育、农村生产生活技能培训、农村环境保护、农村记忆等子项目已在全国五十多个项目点开展。本着践行国际先进理念，结合中国农村实际，探索为村民服务新途径，为美丽乡村建设多作贡献的目标，我们应该努力做好我们的项目，吸引更多的乡村社区学习中心参与能力建设项目，树立成功典范，讲好中国老年人的故事，与世界各国分享经验。

尽管一次会议、一本书的影响有限，但我相信，会议倡导和践行的农村"积极老龄化"一定会在更多的农村地区被广泛开展；我相信，老年教育促进乡村振兴的中国故事一定会为更多的乡村学习借鉴；我相信，为农村老年健康、幸福、自信、自尊、生活质量提升所做的努力一定会结出丰硕成果。

让我们共同努力！

农村社区学习中心（CLC）能力建设项目

总项目组组长 谢国东

2019 年 8 月 10 日

目录 contents

第一章 老年教育创新：跨代学习 老少同乐

1. 老少同学的跨代教育
   江苏省苏州市汾湖高新技术产业开发区 CLC 项目点 ………… 3
2. 老少同乐伴成长
   上海市嘉定社区学院 CLC 项目点 ………………………… 6
3. 五助模式
   江苏省苏州市张家港市金港镇 CLC 项目点 ……………… 13
4. 提高老年人健康和隔代教育能力
   河南省镇平县杨营镇 CLC 项目点 ………………………… 19
5. 爷爷奶奶学堂
   浙江省慈溪市周巷镇 CLC 项目点 ………………………… 22

第二章 老年教育内涵：文化学习 提升自我

6. 农村"空巢老人"文化素养提升

浙江省杭州市湖源乡CLC项目点 …………………… 29

7. 老年人信息化学习

江苏省苏州市木渎镇CLC项目点 …………………… 35

8. 农村老年人智能手机培训

江苏省盐城市大中街道CLC项目点 ………………… 39

9. 老年人防癌抗癌教育

江苏省常州市春江镇CLC项目点 …………………… 44

10. 提高老年人日常生活能力

甘肃省镇原县十八岘村CLC项目点 ………………… 48

11. 扫盲、养生及多样化的老年学习活动

浙江省绍兴市杨汛桥镇CLC项目点 ………………… 51

第三章 老年教育参与：社区治理 服务社区

12. 农村老年人参与村庄环境治理

浙江省德清县钟管镇CLC项目点 …………………… 59

13. 学在田间

山东省莒南县石莲子镇CLC项目点 ………………… 64

14. 银龄老年志愿活动

江苏省海安县海安高新区CLC项目点 ……………… 69

15. 学习生产生活技能

河南省栾川县合峪镇CLC项目点 …………………… 74

第四章　老年教育传承：传统文化　发扬继承

16. "顾家造纸"传承

　　浙江省杭州市戴村镇CLC项目点 …………………………… 79

17. 太极养生：把老年人组织起来

　　湖北省武汉市大集街CLC项目点 …………………………… 84

18. 打造老年学习品牌"慈韵"

　　浙江省宁波市慈城镇CLC项目点 …………………………… 90

第五章　老年教育常态：形式多样　丰富多彩

19. 建立老年协会　开展老年活动

　　湖北省十堰市汉江社区CLC项目点 ………………………… 99

20. 大山里的少数民族老年教育

　　广西龙胜各族自治县CLC项目点 …………………………… 103

21. 多样化的老年学习

　　江苏省苏州市昆山市周市镇CLC项目点 …………………… 112

第六章　老年教育营造：积极宣导　终身学习

22. 多种途径营造老年学习氛围

　　河北省石家庄市铜冶镇CLC项目点 ………………………… 119

23. 营造氛围　温暖老人心

　　浙江省杭州市塘栖镇CLC项目点 …………………………… 123

附录　部分国家的老年教育政策与实践

24. 部分国家的老年教育政策 …………………………………… 131
25. 俄罗斯的老年教育 …………………………………………… 134
26. 法国的老年教育 ……………………………………………… 137
27. 韩国的老年教育 ……………………………………………… 139
28. 荷兰的老年教育 ……………………………………………… 142
29. 马来西亚的老年教育 ………………………………………… 146
30. 美国的老年教育 ……………………………………………… 148
31. 日本的老年教育 ……………………………………………… 153
32. 新加坡的老年教育 …………………………………………… 157
33. 意大利的老年教育 …………………………………………… 159
34. 英国的老年教育 ……………………………………………… 162
35. 智利的老年教育 ……………………………………………… 167

第一章

老年教育创新：
跨代学习　老少同乐

1. 老少同学的跨代教育

江苏省苏州市汾湖高新技术产业开发区 CLC 项目点

"跨代教育"理念的雏形在汾湖社区教育工作中很早就存在了,假日学校授课、成立爱心助学班等等已经开展了多年,只是没有全面铺开和进行系统的整理。

2017年,我们在推进联合国教科文组织 CLC 第三期实验项目"老年教育"的过程中,尝试将中职教育资源与老年教育资源结合起来,发现这样对推动老年教育工作的顺利开展能起到事半功倍的作用。于是,我们通过这种方式开展了一系列的活动,并谓之"跨代教育"。下面将汾湖"跨代教育"工作的开展情况梳理如下:

让老年人变"潮",中职生变"厚",老年教育与中职教育相结合成为"跨代教育"的最大亮点。老年人在人生阅历、生活经验和心态等方面都是中职生学习的对象;而中职生的思维活跃,意识超前,知识结构新,这些又是老年人所不足的。把这样两个群体融合在一起,将会产生怎样的"化学反应"?经过我们多次尝试,收效是相当好的。

我教阿姨用微信。现在微信是非常流行的社交软件,绝大部分人都在使用。很多新潮的老年朋友也想体验,但是因为年龄大了,学起来相当吃力。于是我们组织了中职生当老师来教老年人。学生们当起老师来一板一眼的,在他们的帮助下,参与活动的老年人会拉好友建群了,会发朋友圈晒靓照了,还会用微信买东西了。

老少共学十九大。我们邀请老年大学、关工委的老同志来学校与同学们分享对十九大精神的领悟。退休教师屠金森把十九大精神编成地方小调唱给大家听，关工委的张俊老师为大家作了题为《悟初心，学讲话》的辅导报告。"中国进入新时代，全国人民喜心怀，民族复兴中国梦，不忘初心大步迈。"读着押韵的顺口溜，老年大学的学员和中职生们在和谐的氛围中完成了对十九大精神的学习领会。

老少同乐包粽子。在传统佳节端午来临之际，我们组织老年大学的学员和中职生一起包粽子、迎端午，老年人手把手教学生们包粽子，同时给他们讲讲传统。老人们仔细教，同学们认真学，两代人通力合作，其乐融融。

老少同游古镇，品美味、做美食。我们还把跨代教育跟游学项目结合起来，邀请老少两代人共同体验我们开设的第一条游学路线：游黎里古镇，品老街美味，做传统美食。大家一起游览了修复一新的黎里老街，品尝了老街上知名老字号美食，又共同制作了我们当地有名的传统美食——黎里油墩，可谓收获满满。

除以上的活动外，我们还不定期邀请老年大学的老师来学校给同学们开设环保讲座、校园安全讲座、青少年自我保护讲座等课，他们把自己长期积累的宝贵的生活经验无私地传授给同学们。我们给这种跨代组合编了个顺口溜：

老少同学手牵手，共同进步乐悠悠；

您变潮来我显厚，跨代教育大步走。

项目点简介：江苏省苏州市汾湖高新技术产业开发区成人教育中心校成立于2009年7月，由原芦墟、黎里两所成人学校整合而成。中心校下设莘塔、金家坝、黎里、北厍四个教学点。总占地面积约60亩，建筑面积6 000多 m²，配套设施齐全。目前是一所成人教育与职业高中合办的学校。现有教师65名，95%为本科以上学历，有7位是全日制硕士研究生学历。学校服务的汾湖高新区（黎里镇）区域面积

258 km²，下辖4个办事处、48个行政村和9个社区，常住人口14.3万人，暂住人口12.3万人。学校于2014年成为CLC的第二期项目实验点，并顺利完成"帮助残疾人"项目。2016年11月，学校又被列为CLC的第三期项目实验点。

2. 老少同乐伴成长

上海市嘉定社区学院 CLC 项目点

上海市嘉定区外冈养老院是一所"颐养天年、幸福养老"的公立养老机构，新院于 2017 年 6 月正式启用。新落成的外冈养老院临河而筑，设计新颖，环境优美，总建筑面积 21 932 m²，总用地面积 14 731 m²，核定养老床位 499 张。目前住养老人 180 名，其中自理 20 人，半护理 45 人，全护理 115 名。为弘扬和传播尊老爱幼的传统美德，实现"让孩子尊老、让老人爱幼、让人间友爱"的老少同乐美好愿景。在过去的一年里，外冈养老院以"学无止境人生路，老少同乐伴成长"为主线，坚持养与教相结合、人与物相融合、校与孝相传承，在上级主管部门和外冈镇老年学校的高度重视和支持下，以创建养教结合学习点建设工作为契机，通过健全管理组织、注重队伍培养、科学课程设置等，大力提高养教结合学习点人员的整体素质，有效地保证创建养教结合学习点建设工作的开展。

一、创新学无止境模式，推进养教结合建设

学校是学龄期儿童学习成长的场所，养老院是老龄社会的集中养老场所。随着全球老龄化的日益加剧，更多的老年朋友选择在机构集中养老。外冈镇老年学校开展的外冈幼儿园与外冈养老院的养教结合建设工作，创新了学校发展形式，推动了学校和养老院的互动，发挥校园与家园的优势，真正实现养与教的资源共享融通。

养老结合建设中，镇教委、镇老年学校、幼儿园将"学校课堂"

搬进养老院，让孩子在新课堂中感受尊老敬老的传统文化。养老院内开设"老年课堂"学习课程，让老人在新课堂中感受童趣与共建的欢乐。养教结合模式下，一系列同创共建活动的陆续开展，促进"学无止境，老少同乐"良好社会风尚的形成。

二、领导重视老少牵手，推动养教创建工作

外冈养老院正式启用后，现代化园林设计、居家式布局环境、人性化护理服务，受到住养长者及家属们的认可和信任。2017年10月25日，外冈镇教委、镇民政办和镇老年学校共同为"老小孩"俱乐部揭牌，很好地推动外冈镇养教结合工作的建设。会上，镇老年学校、外冈幼儿园党支部与外冈养老院党支部正式签约共建，两所学校的十余名中共党员，成为首批"老小孩"俱乐部的兼职教师，顺利推进养教结合工作迅速开展。

三、组织策划部署周密，养教工作稳步推进

为切实加强对养教结合学习点的创建工作的领导，外冈养老院成立了由院长、老年学校校长为组长，院工作人员、老年学校教师组成的养教结合学习点创建工作小组，并配备了专职工作人员1名负责养教结合学习点建设创建工作，确保养教结合学习点创建体系的畅通，保障创建工作机制的运行。做到年初有计划，活动有安排，资料有积累，年终有总结。

制定了养教结合学习点创建工作会议制度。养教结合学习点创建工作领导小组定期召开会议，对需要共同参与的教育和专题培训活动及时协商，落实安排；研究院里制订养教结合学习点建设工作目标和重点问题，商定重大创建活动的内容及其实施方案，提高工作效率。

四、智慧养老周到服务，硬件配套有效保障

外冈养老院结合自身优势，倡导智慧养老、健康养生、幸福养老。为搭建住养学习、交流活动展示平台，院内设置"老年课堂、手工课堂、多功能课堂"三间教学活动场所，"书画课、棋类课、音乐课"三间拓展兴趣场所。院内配有开展老年教育需求的设施设备，如电教设

备、乐器、康复器械、音响等。利用广播、宣传海报、外出交流、媒体报道、与志愿者互动等形式，开展学习交流、养教展示、汇报交流等互动性活动。同时从校园安全、交通安全、出入安全、后勤服务等多方面入手，保障养教结合学习点创建工作的顺利开展。

五、师资队伍经验丰富，课程设计新颖独特

在师资队伍建设上，根据养老机构老人的生理特点，结合托幼机构、老年学校教师的优势特长，外冈镇教委多次组织专题讨论研究，遴选资历丰富的教师担任镇养教结合创建工作的兼职教师。首批13名授牌教师中，中共党员7名，平均年龄35岁，本科学历为主，教学工作2～20年之间。外冈镇养教结合创建工作，也为青年教师开拓一条"走出校园去上课"的新渠道、新思路、新目标。创建一年来，吸引多名退休老干部、退伍军人、老党员加入讲师团与志愿者中来，充实壮大养教结合学习点创建的队伍力量。

在课程设计上，结合养老机构老人的语言习惯、生活习惯、业余爱好等，经院内教研组多番探索，开设一些适合孩子们健康成长、老年人互动学习、异地教学便捷的可行性课程。形成每月一次、半年展示、每年交流的总体课程规划。养教结合建设创建工作一年来，院内开展的"大家一起来剪纸""绘画涂鸦""动手搭积木""才艺表演"等课程，深受老人和孩子的喜欢，创建过程中，逐步形成"多、乐、暖、忙、勤、好"的特色。

多——科普教育知识讲座众多。创建期间他们开展了一系列活动，如：老年人法律法规知识讲座、抗震防灾救护知识讲座、安全教育知识讲座、红十字现场急救知识讲座、食品药品安全知识讲座、老年人健康知识讲座、中华传统文化知识讲座、交通法规知识讲座、防骗识骗知识培训讲座等，特邀市区志愿讲师开设"老年幸福课""孝爱大讲堂"课程。使不同层次的老年人都能各取所需，融入学习中去，营造无处不在学习，无人不在学习的良好氛围。

乐——"老来乐"夕阳合唱团组建。有人说唱歌是最好的养生方法之一。为切实推进"老来乐"夕阳合唱团的建设，社区三名退休老人志愿者自愿担任音乐老师，以钢琴、手拍鼓、二胡为乐器，带领老人们开始音乐学习课程。每周一次，老人们齐聚一堂，用最美的旋律，歌唱社会主义好、歌唱祖国伟大、歌唱人民和谐。白发苍苍的老人用响亮悦耳的歌声，唱出的是对生活的热爱，对健康的向往。这是人间最美的一道风景。

暖——共建服务公益活动温暖。每年养老院与老年学校、共建单位、志愿者服务社团共同策划的慈善爱心系列活动，营造浓浓的大家庭氛围，为住养老人带来了温暖，带来了欢乐。每年的送戏下乡表演、幼儿园重阳节表演、暑假小小志愿者服务、妇联大手牵小手活动、共建单位联谊等活动，丰富了老年人的精神生活。今年举办的养教结合成果展更是吸引老年朋友一次又一次前去参观。看着自己的画，抚摸着亲手制作的手工艺品，看着自己演出时的照片，心里涌起"老有所学、老有所为、老有所乐"阵阵暖意。

忙——《外冈幸福养老》活动丰富。老人心灵得到慰藉，幸福油然而生。由外冈养老院主编的《外冈幸福养老》每季对外发布。老年读报组、老年聊天组，成为老年朋友学习交流的组合。时事、新闻、社会热点问题都是读报组讨论的焦点，许多养生之道和生活小常识也丰富了老年人的业余生活。聊天组的特点是自命话题，自己主持，自由发挥，每次活动气氛相当活跃。

勤——老年课程学习兴趣浓厚。老年课堂、手工课堂、多功能课堂自2017年10月开放以来，结合精神文明创建工作，精心组织丰富多彩的各类活动，老年学习兴趣浓厚，养老生活忙碌充实。每天两次的老年健康手指操练习；每周一次的戏曲沙龙、书法练习和手工制作课；每月一次的俱乐部课程、院长课堂；每季一次的健康养生知识学习课；每半年一次的家属及老年代表沟通会；每年一次的养教结合成果展示及汇报会。使得创建养教结合学习点建设工作有了质的飞跃，住养长者的思想在各项活动中得到了熏陶。

好——老人参与率高满意度好。养教结合建设创建工作期间，多形式、多渠道、多样式的课程设计，让住养长者的精神生活得到了体验和充实。老人和小孩共同学习，社会与机构共建为民，满意与调防有效结合，让外冈镇养老结合创建工作得到了多方认可。据统计，外冈养老院内自理、半护理老人轮流参与课程学习，参与率达70%。老年学员对养教结合工作的满意度达85%。

六、养教结合寓教于乐，提升能级弘扬美德

外冈养老院作为上海市社会福利院行业协会会员单位，办院一年多，获得上海市无烟单位称号，顺利通过上海市养老行业等级评审。取得锦旗20面、表扬信3封，社会满意度95%以上。外冈镇养教结合学习点建设工作的开展，养教结合活动丰富了住养长者的晚年生活，提高了住养长者的生活质量，更是将"尊老爱幼"的传统美德予以传播和弘扬。

下阶段养老院和老年学校一起将完善制度建设，注重师资培育，创新课程设计，加大对尊老爱幼的传统美德的宣传力度，为养教结合活动的开展提供更多的硬件支持。他们将通过"走出去、请进来"的形式让老、中、小共同互动，达到老、中、小共同学习的目的。

[案例] 随着全球老龄化社会日益加剧，更多老年人选择在机构中集中养老。外冈养老院作为一家保基本养老机构，为辖区百姓提供生活照料、护理康复、心理慰藉等服务。然而在传统家庭养老理念中，如老人进入机构养老，虽能满足老人基本生活照料需求，但无法满足老年人学习需求、爱与归属需求、自我实现需求。而养老结合的模式，把学龄期儿童学习与老龄期老年学习结合在一起，通过养与教相结合、校与孝相传承，倡导学无止境的人生路，让人生晚年生活幸福！通过观察、分析、跟踪、记录，以王进元（化名）阿公为例，浅谈一下养教结合下的幸福养老生活。

王进元出生于1927年10月，是一名抗美援朝退伍老兵。外冈养老院落成启用后，他提出要求入住养老院。子女们担心老人年事已高，集体生活中得不到居家的细心照料，未同意老人入住。王阿公再次向组织提出申请，要求入住养老院，安享他的晚年生活。90高龄王阿公，晚年养老生活如何？

开放办院理念，吸引老人。家有一老，如有一宝。7月的一天，邀请王阿公及家属们参观养老院，亲人间的问候，消除家庭的陌生感。他与几位已入住老人聊天，听老友谈到在养老院真实感受养老生活的幸福，他更迫不及待地等待着入住。

管家式为老服务，留住老人。王阿公在子女的陪伴下，办理了入住手续，院内生活设施、居室设施、娱乐设施等，现代养老环境，让他有了"家"的感觉。这里硬件设施齐全，管家式为老服务，让他有了"爱"的情意。老人一日三餐无忧，丰富的老年课堂，更让老人安心留在这里，安享自己的晚年生活。

创新式养教结合，加入老人。养老院推行优质护理的同时，养教结合工作也如期举办。镇老年学校、外冈幼儿园13名党团员教师，志愿加入"老小孩俱乐部"，他们结合老年人生理特点，开设一系列老年课程，如手工剪纸、涂涂画画、说说唱唱等，备受好评。每月一次养教结合活动中，师生们通过"移动课堂"形式，发扬志愿服务精神，传达孝亲敬老的文化，更实现了老、中、小共同学习的目的。

共建孝爱家园梦，有了你们。家在这里，爱在这里。通过一段时间的教育、共建、活动参与，王进元老人不仅适应了集中养老生活，在养教结合活动中，王阿公与孩子的互动，更给老人增添了童趣和乐趣。他生活态度积极乐观，乐于学习，多才多艺，更诠释着一位老人的幸福养老生活。

项目点简介：上海市嘉定区成人教育学院创办于1988年12月。目前，学院包括上海开放大学嘉定分校、嘉定区成人职业技术培训中心、嘉定区学习型社会建设服务指导中心三个部门，分别开展学历教育、非学历教育（职业技能培训）和社区教育指导工作。学院现有在编教职工44人，平均年龄48岁，全部具有中、高级以上职称，其中高级职称9人，约占教师总数的20%。2006年2月在昆明召开的"全国农村社区学习中心能力建设项目国家级研讨会"上，嘉定区被确定为联合国教科文组织农村社区学习中心实验点。

3. 五助模式

江苏省苏州市张家港市金港镇 CLC 项目点

案例背景。金港镇党委政府高度重视，牢固树立和贯彻落实创新、协调、绿色、开放、共享的新发展理念，坚持"党委领导、政府主导、社会参与、全民行动"的老龄工作方针，成立了镇长任组长的社区教育工作领导小组，以组织部、老干部局、财政、教育、卫生、文化等部门成员组成校务委员会，教管办（社区教育中心）主任何忠益为镇老年大学校长，各村（社区）一把手为老年教学点校长、社区教育专管员为教学管理员的"城乡一体化"老年大学领导小组和办公室。

党委政府坚持老年教育的公益性，不断加大对老年教育的资金投入，政府全额拨款，学员免费学习，推动了老年教育的快速发展。同时政府将社区老年教育工作列入对村（社区）的年度考核，将考核结果与干部年终绩效挂钩，有效提高了单位领导对老年教育、学习型组织建设的重视。通过考核和先进的评选，在全镇进一步掀起了老年教育学习之风，终身教育的理念深入人心，营造了文明、健康的社会风尚。2018年政府又加大力度，统筹协调各部门老年教育功能，切实保障老年人受教育权利，让不同年龄层次、文化程度、收入水平、健康状况的老年人均有接受教育的机会。镇社区教育中心开办的老年大学负责组织策划和全程推进。

主要做法。为了让全镇老年教育能更上一个台阶，以扩大老年教育供给侧为重点，党委政府年初就制订了镇级老年大学创苏州市示范老年教育乡镇，办事处老年大学创苏州市现代化老年教育乡镇（街道），各教学点创教学管理先进单位的三创行动目标，并以创建为契机，设定"筑梦校园，情洒港城"为美丽校园的标准，着力以提高老年人的生命和生活质量为目的，整合社会资源、激发社会活力，提升老年教育现代化水平，让老年人共享改革发展成果。

老年朋友的情况千差万别，对不同群体、个体之间存在的差异，分层次、按需求、多形式开展幸福赡养服务，金港镇老年教育重点孵化了以下"五助模式"，以回应老年朋友对和谐社会幸福赡养的期盼，彰显完善的老年大学教育养老的社会服务功能。其中第一助就是"老少互助"。

助教。继2017年南沙香里乡亲和占文拆迁小区试点代际学习后，发现代际活动在缓解代际矛盾、代际冲突，增强代际间的沟通上发挥了重要的作用，对于搞好两代人的心理协调，增进两代人的团结，促进两代人的生活、学习和工作上取得更大的进步具有很重要的现实意义！2018年为了更好地给老年人提供发挥余热的机会和舞台，特意在每个社区为放假在家的孩子提供好去处而开设的假期兴趣班、4点半课堂、便民图书室等，让老年人当助教，引导老年人参与社区建设，为社区幼儿、青少年传授更丰富的知识、文化、技能等。老年人教授孩子们传统技艺、民俗文化，和孩子们一起学习、生活，在展示自身技能风采的同时体验到了生活的乐趣、体验社会大家庭对老年人的尊敬和关爱。"助教"这个响亮的名词给老年人带来了意外的享受，也为他们的生命历程注入了难得的亮色。

助特。几位热心的老年人成立爱心桑榆小组，共同关爱弱势特殊老人，共护夕阳让特殊老人享受生活的乐趣，提升对生存的渴求欲。如太极拳班的施阿红发现邻居严婉珍性格内向，因为多年离异独自支撑一个家，现在年纪大了，除了接送孩子，就无所事事，感觉生活无趣而忧郁。太极班的老师知道后，安排爱心桑榆小组分工合作，一人帮扶她接送孩子，一人和她搭档传授太极动作，一人和她做知心朋友，拉家常聊开心，共同分享生活的乐趣，从而让她感受走进学校后的快乐生活；可是正当她走进校园感受生活的乐趣时不幸得了急性白血病，桑榆小组知道了，立刻和校部商量，全校发动爱心捐款行动，当1万多元的爱心款项交到她儿子手上时，她切切实实感受到大家庭的温暖。大家也在此项活动中体验到美丽校园的真情传递和校园团队的和谐氛围。像这样的爱心故事和爱心桑榆小组还远远不止一个。

助困。年初对老年朋友开班需求的调查过程中，我们发现老年人在法律知识、救护养生、金融知识等方面有很多的困惑。为了提高老年人适应现代飞速发展的社会的生存能力，我们开展了校企合作活动，和中信银行、广和医院等签订了合作协议，详细制订了授课内容，聘请专家和专业团队进行现场指导和案例分析，切实解决老年人现实生活中遇到的困难，同时将授课的内容汇编成读本，再分发到各个教学点，方便农村的老年人了解学习。

助学。按照"就近就地办学、按需设置课程、提升教学质量、丰富老年生活"的原则，通过座谈会、调查问卷等形式，对全镇老年大学和教学点进行了拉网式调研，认真分析各个区域拟开设专业的合理性，做到"三个坚持"。一是坚持推进课程设置更新。力求涉及多领域，适应时代发展要求；二是坚持优化成熟课程。对一些专业开设基础班、提高班，满足老年朋友们多方面、多层次需求；三是坚持整合弱势课程。在教学质量调查评估的基础上，重点调整教学效果欠佳、学员流失率高的学科，实行长短结合小班，满足品质化学习要求。在全镇老年人口多，区域分布广的情况下，镇老年大学对村（教学点）进行了集中培训，全镇统一采用了网络、微信报名模式，实行了大数据库管理教学计划、学籍和学员签到。目前，金港镇2018年春季班共开设书法、网上冲浪、戏曲、太极拳、摄影、舞蹈、英语、智能手机、手工等专业98个教学班，课堂内容精彩纷呈，所有功能室、设施向老年朋友全天免费开放，基本满足了老年人的学习需求。各教学点的社区教育管理人员、专兼职辅导员和社区志愿者队员活跃在各个课堂，他们用专心、爱心，让老年人开心，让家人放心。如今金港老年大学的知名度越来越高，老年学员学习的积极性也空前高涨，爱搓麻将的楼道大妈都成了优秀学员。

助乐。2018年在全镇项目化活动开展中，共有10个教育惠老项目参与了市级申报，聘请专业的社团组织策划活动方案和全程跟进。项目策划者围绕项目终极目标，预设着每周一话题活动，学习诸如人文、地理、历史、手工等多方面的知识，同时将地方特色的传统文化，如香山文化、灯谜文化、书法文化、茶道文化等融入老年教育，每周的兴趣活动带动了系列学习活动，参与活动的老年朋友越来越多，队伍也越来越庞大，浓厚的学习氛围彰显了"终身学习、健康生活"的品牌特色。通过内外双源驱动，精准对标需求，为老年朋友建设"满意家园"提供有力保障。

老年人过去为了生存，流逝了很多美好的岁月，如今生活好起来了，渴望去体验一些美好的生活，所以走进校园，想去弥补曾经的遗憾。金港镇紧紧围绕"教育育人""文化育人""实践育人""服务育人""队伍育人"的教育总目标，开展丰富多彩、形式多样的教育活动，不断提高老年朋友的思想道德素质和文化素质，为提升社区的文明程度，构建和谐社区起到了积极的作用。

案例成效。老年教育全覆盖，为老年人的学习带来了方便、为老年人的生活带来了欢乐，文化养老、亲情服务，养教结合使老年人的综合素质普遍得到了提升，深化了社区教育内涵，孝爱和睦、友善互助、文明惜福，老年朋友走出"小家"融入了"大家"，成为了社区治理的骨干力量。"城乡一体化"老年教育在全镇蓬勃开展，在普及基础上求提高，在学以致用上求实效，社团活动开展得有声有色，推动区镇老年教育事业驶上了"快车道"。

金港镇以"全民终身学习活动周"特色活动为平台，总结和展示了书画、摄影、阅读、才艺的学习成果，更好地激发老年朋友的学习积极性，并带动社区推进文化家庭建设，展现"文化引领，开心学习"

的风采。2018年5月开展的金港镇全民学习嘉年华暨春季班老年教育成果展,共62个节目展示了老年人的学习成果,520名参赛演员展示了老年人的夕阳风采,其中10个精品节目被中信银行选送苏州参加江苏省老年新年晚会的初赛。金港老年大学自编的情景剧《美在夕阳红》已被入选区镇文化中心举办的送戏下乡、广场文艺活动惠民的特色节目,自创的《夕阳无限美》金港老年大学之歌将参加张家港电视台、教育局组织的老年大合唱比赛,太极拳、柔力球等社团的节目已多次获市退休人员武术比赛金奖。

金港老年大学还与区镇老年体育协会、老年健身协会等联合组建了"晚秋"剪纸俱乐部、金港书画俱乐部、老年人棋牌协会、"夕阳红"老年艺术团、花木盆景协会、"香山风"摄影社、戏曲法制小分队,社团活动越来越多,影响力越来越大。各个教学点还发挥学校的骨干成员,成立志愿服务团队,传递正能量。在骨干成员的引领下,很多志愿者主动参加社区活动,献出自己的一份爱。他们掀起了"从我做起,让港城更美"的社区公益热潮,"银朝志愿服务团"进学校讲传统、进社区送和谐、进企业联学共建、进农村送文化、进部队送温情,金港老年朋友的一张张亮丽的名片正在吸纳更多的居民加入打扫楼道卫生,清理小区绿地,帮助老弱病残等行列中。今年有近千名学员志愿者参与各类志愿服务、"正能量"活动达百余次。参与公益活动、助人为乐正在成为风尚,邻里之间的关系更加和睦。

金港镇在老年教育方面,坚定美丽课堂的追求,坚实和谐共生的信念。在办学理念中传承创新追求"本真",办老年人生活的乐园,办老百姓称道的家园,办社会上认可的校园;用"至情"拓宽老年人生命的高度,用"至思"挖掘老年人生命的深度,用"亦和"延长老年人生命的长度,用"亦美"积淀老年人生命的厚度。

项目点简介:江苏省苏州市张家港保税区(金港镇)是张家港市政治、经济、文化的副中心,辖3个办事处,44个村(社区),常住人口 25.64 万。社区教育中心拥有 3 100 m² 的独立办公场所，有专职教师 15 人，兼职教师 55 人，各类社区教育志愿者 2 450 人，人均社区教育经费已达 10 元。区镇村（社区）市民学校迄今已创建成江苏省标准化居民学校 29 所。2016 年成为联合国教科文组织农村社区学习中心能力建设项目试验点。

4. 提高老年人健康和隔代教育能力

河南省镇平县杨营镇CLC项目点

随着我国经济社会的发展，特别是工业化程度的深化和域镇化发展的加快，农村青壮年男性劳动力绝大多数外出务工、经商，农村留守的多为老年人和妇女。以玉雕加工、销售和土地集约承包程度较高的杨营镇，这种情况尤为突出。这一大批人留守家中，主要承担接送管理学生任务，空闲时间无事可做，养生保健意识淡漠，头痛于孩子不好管又不会管，常聚集打麻将消磨时间。根据这一现状，杨营镇成人（社区）学校对这一群体进行深入调查研究，确立了加强农村老年人及留守妇女培训项目，致力于提高老人及妇女生活、生存的质量，提高家庭教育水平，实现社会教育、学校教育、家庭教育的有效接轨。既落实了终身教育目标，实现"积极老龄化背景下老年教育"的目标，又提高了青少年的教育质量，有效促进了社会和谐健康发展。

一、加强领导，做好顶层设计

镇中心校、成人（社区）学校高度重视这一工作，多次召开专题研讨会，研究现状、讨论具体做法、制订工作方案，为专项培训开展提供了人力、物力、财力保障。

二、加强师资培训，做好培训人才保障

师资是做好培训的先决条件。我们在各村小学邀请校长、教导主任、骨干教师担任本村专项培训教师，聘请专家及成人学校教师和专题负责人对全镇专师进行专题培训。从而提高了各村培训教师的教育艺术水平及讲授教材的能力，为成功开展培训提供了人力保障。

三、培训模块化，增强培训实效性

我们将培训专题分工到各村，每人负责研究一个专题，对专题进行调研，形成专题教材。再召开教研会，针对专题教材进行修改完善。各专题讨论后，全镇形成统一的教材，再返回各村，为各村有效开展培训提供教材依托。每次培训短而小的模块非常适合老年人学习的特点，便于记忆，达到学以致用，用则有效的目的。培训模式包括：农村中老年人"三高"的防治、老年人健康生活习惯指南、中小学生心理健康教程、家庭教育指南等。家庭教育指南分为小学低年级段、小学中年级段、小学高年级段和初中段四个阶段来编写。

四、教材本土化，增强培训针对性

统用乡土专题教材，各村专师结合本村实际进行培训取舍修改，增添本村实例，以身边的人，身边的事融入教材，融入课堂，增强培训的针对性、可信性、实用性和兴趣性。

五、深化教学改革，三教统筹合力攻坚

总体成教牵头部预防及署，普教配合。镇成人学校负责总体规划，模块选择，任务分配，集中调研，教材修改、印制及村级教师培训和培训指导督查；村级小学承担人员组织和负责部分授课任务及授后跟踪指导服务。

培训形成采取短、平、快方式。好像饮食中的"少吃多餐"，这种形式利于老年人及妇女消化吸收知识，然后内化提升自己的能力。主要利用家校通短信平台，事先通知家长培训时间、地点和内容。在上课前或放学后家长接送孩子的时候，利用30分钟左右的时间进行专题培训，这种形式学员一致反映很好。

授课形式采取谈心、讲故事的形式。将身边的人和事，学校内的学生故事等与现代教育理论相结合，语言口语化、乡土化、大众化，让学员的学习成为一种习惯和享受，达到事半功倍的效果。

初见成效。今年全镇乡、村两级开展专题专项培训42场，培训学员1 600余人次，开展专题模式共六类：即"三高"预防及防治、老年人健康生活习惯、家庭教育小学低年级段、家庭教育小学中年级段、家庭教育小学高年级段、家庭教育初中段。从培训调查座谈及学校反馈情况看，很受群众欢迎，在一定程度上改变了老年人的生活观念、习惯，解决了一些家庭教育上的困惑，有效实现了家校沟通，为学校学生管理及处理家校矛盾打下了良好的基础，初步形成了终身教育和社会、学校、家庭共育人才的良好态势，更有效地推动了健康和谐新农村的建设。

项目点简介：河南省镇平县杨营镇位于县西南部，全镇辖20个行政村，总人口6.5万，在校中小学生8 600人。乡镇面积58 km^2，幼儿园、中小学校、镇村两级成人学校及社区教育学校。杨营镇成人学校始建于1983年，2013年5月在原成人学校的基础上成立了杨营镇社区教育学校，实行一所学校两块牌子的办学模式。占地面积2 240 m^2，建筑面积850 m^2，教室、办公室、仪器室、图书阅览室、电子阅览室、档案资料室一应俱全，有标准化教室两个，有莲藕、金鱼实验基地各一个，专职教师5人，兼职教师13人。2014年9月被命名为联合国教科文组织CLC项目实验点。

5. 爷爷奶奶学堂

浙江省慈溪市周巷镇 CLC 项目点

一、"爷爷奶奶学堂"应运而生

周巷镇地处浙江省宁波市慈溪市的西部,是长三角环杭州湾产业带规划体系中的五级小城市。被列为全国小城镇综合改革试点镇、联合国开发计划署可持续发展的中国小城镇试点镇、全国小城镇建设示范镇。据了解,周巷镇现有老年人口 3 万余人。其中 60 岁以上老年人占到全镇户籍总人口的 26.5%,65 岁以上老年人口占该镇人口的 20%左右。按老龄化比例来看,与宁波市老龄化近 21%、全国 16%的比例相比,周巷镇老龄化问题已较为突出。

镇内老年人对老年教育的需求也日益提高。近年来,随着物质生活水平的不断提高,越来越多的老年人参与健身、舞蹈、戏曲、养花、书法等行列中。另外,老年人身上的标签除了是老年人,还有一张标签便是家中孙辈的爷爷奶奶,他们在家庭中还承担起了教育孙辈的责任。但毕竟年龄相差大,又与快速发展的社会有点脱节,老年人在教育孩子的过程中,或多或少遇到了一些问题。他们迫切需要学习时代新知识、学习育孙知识,和谐与孙辈的关系,希望能得心应手地教育好孩子,为儿女分担一些责任,让小家庭更为快乐和睦。由此,"爷爷奶奶学堂"应运而生。

二、"爷爷奶奶学堂"红红火火

周巷成校看到了镇内老年人对提升隔代教育能力的需求,在老年大学常规课程开设的基础上，于2016年春季正式推出了"爷爷奶奶学堂"课程，每周二或周四是爷爷奶奶学习隔代教育知识的日子。3年过去了，"爷爷奶奶学堂"班级数量也从当初的1个班发展成了2个班，隔周开设课程变成每周开课，教学点扩大到了2个地方，每次来听课的人也从原先的20余人增加到40余人。人数、班额等的逐步扩大，见证着镇内老年人对提升自身隔代教育能力的需求。

谁学？来"爷爷奶奶学堂"的，可以是已经当爷爷奶奶的老人，也可以是即将当爷爷奶奶的，只要是有想提升隔代教育能力需求的老年人均可前来参加。最开始报名"学堂"的大部分是已经在老年大学学习的老年人，他们对知识和能力提升的渴求更加强烈，后来渐渐扩散到社区无文化基础的祖辈。

学啥？"爷爷奶奶学堂"开始是隔周举办，每学期开学前由周巷成校设定好课程表。由于隔代教育对象大部分是0~3岁孩子，周巷成校设置课程时，首先从这个年龄段的孩子的隔代教育入手。邀请市母亲素养讲师团和育婴师讲师团的老师从养育学龄前儿童的方法，涉及的内容涵盖初生婴儿的洗护、母乳喂养、如何添加辅食、如何做抚触、介绍婴幼儿亲子游戏的方法等。2017年起，应众学员的要求，将隔周开课改成每周一次，增加国学、家风家训等内容，如品读经典和周巷镇史介绍等，在传统节日的时候，"细说端午节"的课程又让爷爷奶奶对端午节的由来以及如何传承下来有了一个更加深入的了解。由此，"学堂"的隔代教育知识传授开始涉及面向所有年龄段的孩子的内容。

学有所得。一是更会养孩子。"爷爷奶奶学堂"育孙知识的学习，让面对0~3岁孩子束手无措的祖辈淡定了不少，他们知道了这个阶段孩子的生长发育特点，懂得了很多护理知识，学会了怎样根据婴儿生理、心理、营养、保健等需求进行科学的喂养，对一些常见疾病的护理以及一些婴儿急救的措施和方法也有了一定的了解，当孩子有个小病时不至于惊慌失措。健谈的阿四阿姨就是一个受益者，她参与课程学习一段时间后，经常同大家聊起怎么把学来的知识用在自己外孙女身上。她说她们老一辈生怕孩子冻着，就想着一定要给孩子多穿，弄得孩子一动就浑身都是汗，衣服湿了就容易感冒。"学堂"里学了这方面的知识，平时试着给孩子适当少穿衣服，跟她穿的件数一样多或者少穿一件，晚上睡觉的时候脱得只剩一件，盖条小毛毯加棉被。改变穿衣方法后，孩子确实比之前健康了，也不会动不动感冒咳嗽了。说起自己宝贝外孙女身体好，阿四阿姨就更加高兴了。让孙辈健健康康成长确实是祖辈的第一心愿。

二是更会教孩子。如果说"爷爷奶奶学堂"让老年更会养孩子，那"学堂"让更多的老年人会教孩子。国学内容的学习，对老年人产生了积极的影响，他们中的几个积极分子已经成了镇假日学校的骨干老师，在他们的影响下社区孩子对国学学习热情高涨，还应邀走进中小学把国学经典传颂。更多的老人把国学思想潜移默化地传给了自己的孙辈。"学堂"中就有一个被大家认可的例子。自从国学开班以来，2017年慈溪市家庭经典美文诵读比赛，周巷镇就推荐了阿四阿姨家庭去参赛。

三、"爷爷奶奶学堂"社会影响

踏实和丰富的老年教育工作，让周巷成校在近年的老年教育主题评比中屡屡获奖。2016年被中国成人教育协会农村成人教育专业委员会评为全国农村老年教育先进单位。2017年被中国成人教育协会农村成人教育专业委员会和教育部社区教育研究培训中心评选为首批全国城乡社区教育特色学校，2018年被评为宁波市本年度终身教育提升工程宁波市社区教育品牌项目。活跃在我们隔代教育学堂和老年大学的同志们，不断在省市乃至全国的比赛中频频获奖。黄常森被评为宁波市教育局关工委第五届"教育关工之星"，陈焕根被评为全国教育系统关心下一代工作先进个人。

项目点简介：浙江省慈溪市周巷镇成人中等文化技术学校是周巷镇人民政府主办、慈溪市教育局主管的公办学校，已经有30多年历史，有周巷和天元两个校区。学校现有专职教师 18 人，聘请大学教授、企业工程师及中小学教师等为兼职教师 100 余人，聘请退休老干部、退休教师及社会能工巧匠为学校发展的顾问和志愿者队伍，志愿者达 500 余人。2003 年起，周巷成校参加由联合国教科文组织、中国联合国教科文全委会、中国成人教育协会三方设立的农村社区学习中心（CLC）能力建设项目，是"社区学习中心为残疾人服务"子项目组长单位。

第二章

老年教育内涵：文化学习 提升自我

6. 农村"空巢老人"文化素养提升

浙江省杭州市湖源乡 CLC 项目点

一、问题背景

为贯彻落实国务院《扫除文盲工作条例》、《教育部等12部门关于进一步加强扫盲工作的指导意见》、浙江省教育厅《关于进一步加强扫盲工作的通知》和《杭州市扫除文盲工作三年行动计划（2013—2015年）》文件的精神，高标准扫除我区文盲，打造新版"富裕阳光·富春山居图"，建设文明幸福新富阳，到2018年富阳区要扫除文盲6 600人，使全区常住人口的文盲率从"六普"时的3.93%下降到2%以下。（摘自：富教〔2013〕128号文件）

湖源乡位于杭州市富阳区最南端，地处北纬29°48′，东经119°56′，总面积约128 km²，人口15 676人，由10个行政村、27个自然村组成。境内山林茂密、溪流众多，环境优美，是典型的山区乡镇。据2013年统计，湖源乡共有文盲628个，其中55周岁以下50人，空巢老人503人。文盲呈现"多而大"的特点：山坞旮旯文盲多，尤以女性和空巢老人多。文盲数量大，年龄偏大，分布面大。扫除老人文盲尤其是扫除空巢老人文盲，这块"硬骨头"时刻考验着湖源乡成校。

二、实践与探索

根据省、市、区的统一部署和要求，湖源乡成校从本乡实际出发，制订《湖源乡扫盲工作实施办法》，积极取得乡、村两级政府的配合，发挥职能，明确扫盲对象、时间、地点、教师、经费等具体要求。运用独特有效的扫盲工作思路和方法，即"三级联动、两线贯通、以点带面、人人过关"，开展全民扫盲活动，希望经过四年的努力，完成全乡 370 位空巢老人的扫盲任务，为解决农村"空巢老人"问题探索一条新路。

（一）组建忠诚实干的教师队伍。扫盲领导小组以中心小学校长、成校校长、乡文化员组成。组织成校干事、居村教师、村报账员担任扫盲教师，建立扫盲教师聘任制度，颁发扫盲教师聘任书，明确各自的要求和职责。召开扫盲工作会议，传达工作要求和注意事项，随时总结经验和不足，研究解决问题的策略。

链接 1. 空巢扫盲"领头雁"。栉风沐雨四十载，弹指一挥间；呕心沥血谱华章，丹心照汗青。孙可生老师，担任湖源乡成教校长多年，始终"不忘初心，牢记使命，撸起袖子加油干"。坚持"抓教育就是抓发展""扫除文盲就是最大的扶贫工程"的理念。他根据上级要求，定决策，抓落实，重措施，把提升空巢老人文化素养作为头号命脉工程来抓，多次召开专题会议，研究扫盲工作路子。深入乡村，了解和掌握全乡成教工作特别是空巢老人扫盲一线情况，及时研究、解决工作中存在的具体困难和问题。建立健全了成人教育工作机制，实行扫盲包片包干责任制，建立奖惩考核制度。湖源成校"扫盲"成果得到进一步巩固，素质教育全面推进，成人文化教育质量稳步提高。

（二）构建三级联动的组织机构。三级联动机制是学校、社会、家庭一起行动，破解脱盲难题。首先，成人技术学校开展充分的调查研究，摸清空巢老人的情况，逐一登记造册；组织成校干事、居村教师定期走访空巢老人家庭，及时了解情况。由行政村文化员、报账员牵头，动员组织村中的文盲、半文盲参加"扫盲"学习，引导和帮助老人以正确的观念和方法补习文化。接着，将特殊的"空巢老人"梳理出来，分类组织学习。扫盲教师进行有针对性的照顾和辅导，任务落实到每个工作人员身上，争取人人过关。最后，想方设法地督促外出务工子女与自己的老人勤联系（每周不少于一次），了解老人的身体、学习、情绪波动等情况，协助扫盲教师解决老人在学习过程中产生的心理方面的问题。利用部分空巢老人有孩子（孙辈）需要照顾这一契机，鼓励高年级的留守儿童帮助爷爷奶奶一起学习，共同提高，达到互助双赢的目的。

链接 2. 祖孙互帮"共成长"。露露接到帮助爷爷奶奶扫盲任务后，每天晚上做完作业，就督促老人拿出《扫盲识字课本》，逐字逐句地教他们识字，手把手地让老人学写自己的名字、阿拉伯数字和一些常用汉字。

接受孙女辅导后，老两口一有空就双双戴上老花镜，有模有样地学起文化来。还常常跟人念叨："要是今天的字认不出来，我家露露回家要生气的。"

一年后，老人双双通过了脱盲考试，露露也顺利地考上了富阳城区某重点中学。

（三）采取多种有效的教学策略。一是因人制宜，以点带面破难题。湖源乡成校把扫除老年文盲作为全乡扫盲工作的重中之重，考虑到老人行动不便，在人口相对集中的新一村、新二村、双喜村，率先开展为空巢老人送教上门活动，帮助老人脱盲。通过试点工作的开展，积累了经验，并在全乡各行政村推广，收效显著。

二是方法灵活，个个过关显神通。湖源乡境内山大坞深，自然条件差异大，区域分散，开展扫盲时，动员文盲入学很难，动员老人入学更难。教师们根据各村实际，明确任务，分片包干，逐个落实，责任到人。考虑到老年人的方便与安全，扫盲教师走遍了全乡10个行政村的344名文盲家庭，送教上门进行辅导，达到人人过关。

链接 3. 山村空巢"贴心人"。邻居空巢老人洪福泉，因老伴李凤花常年有病需要照顾。洪宗柱老师不仅送教到病床前，在学习上不厌其烦地帮助、指导他们，更是在生活上无微不至地关心、照顾他们。老人不识字，看不懂药品说明书，他悉心讲解，及时提醒；遇到老人提重物，他便帮老人把东西送回家；前年暑假期间天气干旱，村里自来水断供，老人的饮用水发生困难，洪老师隔天就挑来泉水倒进水缸，放下水桶，便又指导老人拿起了识字课本……

链接 4. 走村串户"暖人心"。新三村报账员戴小丽挺着大肚子，冒着酷暑，穿梭于造纸作坊与农户家中，被村民交口称赞。2015 年初，戴小丽怀有身孕，但她始终不忘初心，坚持奔走在扫盲第一线。六月天气炎热，造纸作坊里空气混浊，气味难闻。村民关切地建议她到空气清新的地方进行辅导。她莞尔一笑："没事，只要你们学习方便，我累点不要紧。"

三是按需施教，结合实践变策略。湖源乡成校统一使用浙江省教育厅印发的《浙江省扫盲识字手册》。一些扫盲教师结合教学实践，根据扫盲对象的特点，撰写了通俗易懂的乡土教案。为便于高龄学员学习，老师们利用当地的人脉关系，运用湖源方言与普通话相结合的方法进行教学。

例：湖源成校扫盲识字乡土教案《家乡的特产》

教学目标：认识 8 个常用汉字；通过看图识字，能将字义与字形建立联系；指导写字要注意田字格的使用；了解家乡特产，培养热爱家乡的感情。

教学过程：

1. 导入新课。出示 4 幅湖源特产画图，进行图文对照，加深印象。

2. 认一认。认识带生字的词语：湖源甜柿、元书纸、窈口灰汤粽、手工面。

3. 写一写。在田字格中练写：自由选择 3~4 个字（感兴趣的特产名称），教师指导。

4. 练一练。汉字的基本笔画练习；认读词语。

5. 说一说。你还知道家乡那些特产？

三、评价与成效

两线贯通，双管齐下。湖源成校采取两条线打通的方法，开展乡村扫盲工作。即乡、村两级政府包动员、包筹措经费，成人文化技术学校包教、包学、包扫盲、包杜绝复盲。两线贯通，双管齐下，将任务落实到校、到村、到户、到人。学校协同乡、村两级政府对扫盲教师、报账员、各行政村委取得的成绩纳入单位、个人的年终考核，使扫盲工作更加扎实、有效地展开。

开展"悦读"活动，创建学习型家庭。与创建学习型社区，开展家庭读书活动结合起来。为了防止复盲，积极搞好"悦读"活动，湖源成校制订了读书活动计划，做好宣传动员工作，向已脱盲的村民推荐简易的阅读书目，扫盲教师送书上门。"悦读"活动的开展，得到了村委会、扫盲老师、脱盲村民的大力支持，4 年里，有 20 户家庭获得富阳区级学习型家庭称号。

"梅花香自苦寒来。"湖源乡成人文化技术学校全力以赴，社会各界积极努力，广大干部、扫盲教师呕心沥血，尽心尽职。4 年间，湖源乡累计扫除老年文盲 409 人，文盲比例已从 2014 年的 4% 下降到 2018 年的 0.59%，远远低于国家颁布的 2% 的标准（见表1）。扫盲工作提升了空巢老人的文化素养和生活质量，生理、精神需求得到满足，社会支持得到有效保障，有效地促进了社会经济的和谐发展。

表 1　湖源成校 2014—2017 年脱盲情况统计表　　　　单位：人

年度	计划扫盲数	实际扫盲数	完成率	备注
2014 年（下）	90	95	105.6%	
2015 年	90	110	122.2%	(45+65)
2016 年	80	83	103.8%	
2017 年	55	61	110.9%	
2018 年（上）	55	60	109.1%	
总计	370	409	110.5%	

湖源乡成人文化技术学校决心以"提升农村'空巢老人'文化素养"为抓手，认真总结经验，不断开拓创新，虚心听取专家意见，更好地发挥示范和辐射作用。"长风破浪会有时，直挂云帆济沧海。"有

各级政府的关心和支持,有上级教育部门的指导和全体教职员工的共同努力,湖源乡成校不忘初心,砥砺前行,必将演绎出山区成人教育更加璀璨的明天。

项目点简介:浙江省杭州市富阳区湖源乡成人文化技术学校成立于 1976 年,拥有普通教室 1 个,专用教室 1 个,大型报告厅兼活动室 1 个,优美的教学环境,完善的教学设施,基本满足了本乡居民文娱、教学活动的需要。湖源乡下辖 10 个行政村,在册人口 1.56 万,全境地域面积 127.75 km^2,目前已经建立起 100 多人的社区教育志愿者师资队伍,有杭州市级群众性优秀社团 1 个,富阳区级群众性优秀社团 3 个。湖源成校 2017 年成为联合国教科文组织的社区学习中心项目(CLC)实验点。

7. 老年人信息化学习

江苏省苏州市木渎镇 CLC 项目点

随着经济社会的迅速发展,木渎镇按照"一体两翼"的老年教育发展思路,即以镇村两级老年大学(学校)为主体,以"老年信息化教学""老年学习社团"为两翼,扎实推进全镇老年教育整体快速发展。

木渎市民终身学习网开办至今,学员人数逐年增加,全镇25个村(社区)都有老年学员现场教学服务点。"木渎市民终身学习"公众微信号的推出,更是满足了老年朋友随时随地、不受时空限制的学习需求。

开通"市民终身学习网",拓展老年学习网络空间。2010年7月,木渎镇开通江苏省首家乡镇市民终身学习网。9月,召开全镇老年教育工作会议,将"信息化教学"作为老年教育的一项重点工作来抓。

学习网整合了老年朋友喜闻乐见的优质数字化学习资源,形成了以视频和图文为主的全媒体学习资源库,收录有内容注重贴近生活、生动有趣的"碎片化"微型课程。同时,该资源库还实现了海量学习资源的"云"存储,可支持大规模用户同时访问和高效检索,能够根据用户的兴趣爱好进行资源的个性化智能推荐。全镇老年朋友通过远程教育,实现实名认证、线上线下学习的实时记录与积累,见证自己的求学之路。

为了使广大老年朋友更好地利用学习网课程,木渎社区教育中心专门开设网络学习培训班，辅导老年人登录学习网、学习网络课程、申请QQ号码、建立QQ学习群，为他们提供更为方便快捷的网络学习服务。

"木渎镇市民终身学习网"的开通，为全镇老年人提供一个新的平台，迄今网站课程数量为3 919门，老年人注册人数为19 208人，网站学习点击率已超过666万人次，使全镇广大老年朋友足不出户，就可以享受到优质的教学资源。

开展免费电脑培训，引领老年人步入信息时代。近年来，数字化、信息化离我们的生活越来越接近，为了让老年人跟上时代的步伐，拓宽他们的生活空间，木渎老年大学、社区教育中心对全镇老年人开展免费的电脑课培训。

培训班分"初级班""中级班""高级班"。初级班第一堂课，老师给老年学员们讲解电脑的组成与构造、电脑的开机关机以及鼠标的应用。通过老师的讲解与示范，学员们对电脑的各部件功能和应用方面有了一个初步的认识和了解。

从如何开机、浏览网页，到上网聊天、收发邮件……老师手把手地向老人们传授电脑应用的基本知识以及互联网使用知识。通过培训学习，他们对电脑有了新的认识，同时掌握了最基本的电脑操作，能够在网上交流、看新闻、看电影……过上丰富多彩的、时尚的老年生活。截至目前，共开展老年人电脑初级培训32次，中级培训30次，高级培训10次，培训学员近4 000人次。

开设智能化手机培训，为老年人插上"微生活"翅膀。随着科技的发展，智能手机的普及，给人们的生活带来了各种方便。很多老年朋友也逐步放弃以往常用的"老人机"，开始使用智能手机，但操作问题却成了拦路虎。如何让老年朋友更好地使用智能手机，掌握手机的使用技巧，2016年木渎开始开设智能手机培训班，免费对中老年人进行培训。

培训内容涵盖了微信使用、新闻浏览、手机拍照、掌上公交、手机导航、手机挂号、网上购物等内容。培训课在主讲老师集中教学的基础上，同时安排助教老师在老年人中间，手把手地为大家进行讲解、示范，耐心回答他们提出的各种问题。

几年来，通过信息化相关课程学习，老年人不仅获取了知识，还结交了朋友、丰富了精神生活，跟上时代的步伐，提升生活的品质。

孙国强是一名有着 43 年教龄的退休老教师，前半辈子，把最美好的时光奉献给了一届届莘莘学子，退休后他还是难以割舍对自己教育事业的热爱，积极投身教育事业，到民工子弟学校去为外来务工人员的孩子上课，给孩子们讲中华传统美德、文明礼仪和自我保护知识等。为适应现代化教学模式，创新授课模式，72 岁的孙老师毅然报名参加电脑培训班，克服重重困难学习电脑、网络知识。作为老师，因为熟悉拼音，所以一开始学习打字他选择了拼音输入法，困难不大，通过半年的学习与实践，孙老师学会了打字和上网的基本操作，可以编辑简单的电子教案。在学习路上，孙老师孜孜不倦，勤学好问，不断吸收新知识。一年后，在电脑老师的指导下孙老师学起了 PPT 制作，如今他已经能独立设计制作精美的 PPT 了。《美丽中国离不了勤俭节约》《礼仪伴我行，争做美德好少年》《党是阳光我是花》等几份专为教学制作的 PPT，风格鲜明，内容丰富。

76 岁的沈惠钧和 78 岁的陈织萍是 2018 年电脑初级班年龄最大的两位学员，在学习中她们克服重重困难，一期 20 节课无论刮风下雨，两位老人从来没有迟到、早退、缺课现象。刚开始，因为没有电脑基础，没学过汉语拼音，26 个字母也认不全，学习难度非常大。但是她俩结伴而行，没有畏惧，在老师的指导下，开始学习"搜狗"手写输入法，刚开始操作，鼠标总不听使唤，"写"一个字要试几次，花很长时间。功夫不负有心人，5 节课下来鼠标"听话"了，写字也不费劲了，20 节课下来，她们初步掌握了打字技巧和电脑基本操作。现在她们可以上网浏览新闻，看看视频，听听音乐。她们还申请了 QQ 号，建立了好友关系，聊聊天，发发图片，感觉很有收获，很自豪。

74岁的张大媛是木渎西跨塘村志愿消防队的队长,是街坊邻居的眼里"马大姐",热心开朗,从不甘于人后。E时代的来临,让老年人大开眼界,张大媛也赶起了"时髦",听说老年大学要举办智能手机培训班,带头报名参加。她虚心好学,经过半年的学习,智能手机在她手里已不再只是打电话、发消息了。她平时喜欢跟姐妹到处走走玩玩,"滴滴"打车、手机导航、美颜相机……是她们出行的好帮手。平常老人、小孩有身体不适,专家门诊很难挂到,张阿姨学会了手机挂号就方便多了。作为村志愿消防队的队长,她还给利用微信群、朋友圈,上传宣传消防安全知识网页、视频,让更多人了解消防安全知识,使村民学到更多的消防知识,掌握一定的火场逃生和自防自救能力,为她的公益事业献上一份力。

　　时代在发展,社会在进步,我国老龄化人口趋势越来越严重,老龄人口逐年增多,积极老龄化要求注重老年人的生活品质。在当今数字化趋势显著的时代背景下,老年教育也要不断推陈出新,为老年人提供更优质的终身教育服务。信息化学习已经成为老年教育的重要内容之一。

　　项目点简介:江苏省苏州市吴中区木渎镇成人教育中心校成立于1985年,位于太湖之滨、灵岩山麓,占地面积44.46亩,建筑面积12 500 m²,现代化教育设施一应俱全。在职在编教师9名,在籍学员236人,服务9万本地市民和20万新市民。2014年和2016年,学校两次被列为联合国教科文组织农村社区学习中心(CLC)项目实验点。

8. 农村老年人智能手机培训

江苏省盐城市大中街道 CLC 项目点

社区教育是以提高社区成员素质和生活质量为目标，在社区范围内开展影响社区成员的教育现象。随着国家"互联网＋"行动计划的实施，社区教育的发展遇到新的契机，借助此机遇，利用"移动互联网＋"融入社区教育，这是社区教育发展的新态势。

移动互联网，就是将移动通信和互联网二者结合起来，成为一体。是指互联网的技术、平台、商业模式和应用与移动通信技术结合并实践的活动的总称。

"移动互联网＋"是"互联网＋"发展的最新阶段。目前盛行的"互联网＋"国家战略更多是指"移动互联网＋"阶段。"移动互联网＋"在大政务、大工业、大农业、大健康、大金融、大地产、大交通、大O2O、大文化、大物流等10大产业中已经形成井喷之势。

对普通的社区成员来讲，"移动互联网＋"实现了把"互联网＋"放到人们的手中，实现24小时随时在线的生活。随时随地随身查找资讯、处理学习工作生活中的问题、与外界保持时时沟通、随时进行娱乐。

一、开展中老年朋友智能手机培训的必要性

"移动互联网＋"的主要载体就是智能手机。智能手机发展迅猛，中老年朋友参与培训的必要性主要体现在以下几个方面：

一是通信设备的发展迅猛。从大哥大到BP机，再到小灵通。而

今智能手机"一统天下",将来智能手机将与智能家居、智能管理、智能机器人结合在一起。智能技术的发展前景喜人,这就要求广大老年朋友必须不断学习,才能与时俱进。

二是智能手机功能日趋完美。许多老年人缺乏现代通信信息技术知识,他们对智能手机的功能应用一无所知。不会打字是他们的痛,现代手机通信可以提供语音、视频交流等及时服务,交流越来越便捷。老年人的不便之处,手机的许多特殊功能能给予很好地解决。

三是普通智能手机的价格走向。如今适合中老年人使用的智能手机不仅价美物廉,而且还会有充话费送智能手机的优惠活动。

四是老年人困惑多。目前老年人与儿孙几代的代沟在不断拉大;老年人的记忆力严重退化;老年人独立生活的较多,与他人缺少沟通;他们普遍存在不想打扰人的观念;老年人使用二手机的居多;日常生活、学习中存在的问题多、困难多。他们急需我们社区教育工作者提供全面的智能手机教育培训服务。

二、开展智能手机培训的方法

搭建平台。一是每月定期开设"智能手机+电脑"的培训班。若有更多的需求者,可以进行多种渠道的报名注册,达到一定名额时再组班培训学习。通过学员以老带新的方法,不断吸引更多的老年人前来学习。每一期培训结束后社区教育中心需要提供后续的随叫随到的服务指导工作。

二是加强社区教育中心的微信公众号建设。中心的公众号除了有每日推送服务外,还可提供许多便于中老年人学习的固定栏目。如"微信怎么玩"微课堂十二讲座、空中法苑、如何防诈骗及学习型团队的信息等等。这些栏目都是中心培训工作的强有力的后续补充。

三是开通了中心手机微网站。普通的电脑网站不方便在手机上浏览。中心在立足于原有电脑网站建设,还需新建手机微网站,这是手机学习资料交流的新渠道,为中心微信公众号服务质量提升提供保证。

四是创办手机报。手机报一般每周推送一次,涉及社区教育的方方面面,为老年人教育培训服务作有效的补充。

五是及时发放教育培训讲座手册或讲义。

以上平台,保证社区老年人学习智能手机时时能学、处处可学。

认真辅导。每次面授,都要精心准备,认真研究各种智能手机的特点,以问题引导教学,采用官教兵,兵教兵,电脑、手机、多媒体等多渠道多手段展开教学。

解疑答难。课堂时间是有限的,课后服务则不限时、课后能解决的问题更多。如大到手机系统更新,小到一些软件的使用技巧、手机话费的充值等。由于老年朋友们与子女沟通的诸多不便,这些问题将变成中心服务的主要内容。老年人常会将问题列成清单,带着本子来求教,求学精神感人至深。中心的工作人员被他们的好学精神所感动,力争解决好所有问题。

拓展服务。通过"智能手机+电脑"的教学,除提供基本的软件使用教学,更重要的是指导使用生活服务平台,为老年人的生活服务提供更多的便捷。如提供本地大型医院的网上服务指导、挂号服务、沟通专家等;了解当地社区服务平台,指导使用居家养老服务的手机远程信息;介绍网上购物特别是当地大型超市的购物平台;介绍当地天气、交通、治安、网上银行以及音乐相册的制作信息等。以上教学内容都是老年人喜爱的课题,同时也是我们教学服务的好内容。

建立沟通。老年人缺乏交流,主要原因是单独生活的较多。指导帮助他们建立微信朋友圈、QQ 群,让他们即时分享生活的酸甜苦辣,同时也加深了他们与子女的沟通交流,使得许多子女对老年人的情感世界有了新的认识。老年人朋友们分享的信息也常常会感染中心工作人员,我们深深地感到老年人是我们社区教育宝贵的财富,他们有着很大的正能量,他们能帮助我们进一步扩展社区教育的服务工作。

表彰通报。中心要及时报道老年朋友们活动及学习现状，通过图文并茂的网络报道，让他们与子女们共享学习及参与社区服务的乐趣，许多子女通过移动平台的信息加强了与父母及中心的沟通，反过来促进了家庭和谐及社区教育中心的发展，提升了老年人教育的品味。

建立志愿者队伍。中心的人力是有限的，中老年人智能手机学习过程中问题总是不断。中心必须要走出去，呼吁社会更多地关爱老人。通过建立教育志愿者队伍，深入到社区、村、组以及老人服务中心去，即时辅导，效果才会更佳，服务范围才能更广。

三、老年人智能手机培训的反思

我们帮助了老人，老人也帮助了我们。他们视我们如亲人，时常送一个水果、递一把瓜子给我们，尽管这些不能完全表达他们与我们的情谊，但重要的是他们拉近了我们与社区、与村居的距离。我们组织老人到镇敬老院慰问、到村委会社区工作室进行活动交流，慢慢地他们成了我镇社会服务的新生力量，我们的工作得到了上级领导及服务单位的一致好评。

学习压力较大。社区教育中心仍须不断提升充实自我，认真学习各种智能手机系统、学习更多的应用软件知识。有的老年人子女提供的手机或平板系统不是常用的运行系统，我们有时还要花更多的时间摸索。

很多老年人对信息技术的学习需求较大。我们要进一步深入基层、深入村组，去村民学校、居民学校为更多的老年人提供手机教育培训服务。

社区老年人教育任重道远。社区教育中心所做的工作很零碎，但我们所做的工作使得许多老年人远离了孤独，加深了与子女、与社区的良性沟通，减少了他们对现代社会的恐惧感。

社区教育助推中老年跨入"移动互联网＋"时代，需要社区教育人不断努力，要让更多的老年人不断提升自我、融入社区、融入社会，让老年朋友们在现代社会发展中不断焕发新的活力。

项目点简介：江苏省盐城市大丰区大中街道，总面积 217.13 km²，总人口 15.8 万人，流动人口 3.2 万人，下辖 20 个行政村，23 个社区居委会。社区教育中心拥有专职教师 6 人，兼职教师及志愿者 200 多人。中心于 2014 年成为联合国教科文组织农村社区学习中心项目实验点。

9. 老年人防癌抗癌教育

江苏省常州市春江镇CLC项目点

春江镇位于江苏省常州市北部，长江南岸，全国百强镇、江苏省生态文明建设示范镇，全镇面积146 km²，总人口16万人，其中60岁以上27 951人，占全镇总人口的17.5%，有100岁以上老人13名。2018年全镇国民生产总值增长8.5%，城乡人均可支配收入29 241元，人民生活小康富裕，乡村天蓝地绿水秀，环境优美安全宜居，属于名副其实的强富美高之大镇。

但是，春江镇也是癌症高发地区。癌症患者较多的现状，让我们深感全民特别是老年人防癌抗癌的宣传教育工作迫在眉睫。因此，我们在健康教育方面，把防癌抗癌知识的宣传教育放到了至关重要的位置。

一、以宣传教育为引领，打好老年人健康基础

生命是脆弱的，也是坚强的；是短暂的，也是永恒的。健康是促进人的全面发展的必然条件之一，也是人民群众的共同愿望，更是老年人的迫切追求。2016年10月25日发布并实施的《"健康中国2030"规划纲要》作为今后15年健康中国建设的行动指南，将会推动全方位、全生命周期地维护人民群众健康，大幅度提高人民的健康水平。

为使《"健康中国2030"规划纲要》能够在春江全镇贯彻实施、落地生根，我们首先从宣传教育抓起，为老年人普及防癌抗癌知识，为老年人打好健康基础，使他们真正以健康的身体，享受晚年的幸福生活。

一是抓好健康教育的计划。针对老年人对癌症的恐惧心理和本地区癌症发病率高所带来的种种不良影响，我们每年年初都制订宣传教育计划，包括普及防抗知识、开展防抗活动、进行经验交流、举办联欢活动等项内容，做到一年计划早知道，并付诸实践。

二是发挥各种宣传工具功能。以每年的"全国防癌抗癌宣传周"为契机，大力推广日常防抗知识，并以会议宣传、专题讲座、印发资料、橱窗展示、屏幕滚动等形式，开展传输防抗知识活动，使老年人在热烈的宣传氛围中了解癌症起源、病因、治疗、康复等基本知识，懂得"得癌不等于死亡""得癌也能长寿"的道理，消除老年人心中各种阴影，增强老年人延年益寿勇气，让他们更轻松而愉快地生活。

三是做好各类资源共享。我们充分利用镇团委、妇联、学校、计生委、科技局以及老龄委、康复中心、康复俱乐部等社会组织的资源，紧密合作、互相支持、资源共享、营造氛围，把防癌抗癌知识传播到每个角落，浸透到千家万户，宣传到全群老年人。

二、以"4＋1"为抓手，在活动中传播防癌抗癌知识

根据《"健康中国2030"规划纲要》，"到2030年，实现全人群、全生命周期的慢性病健康管理，总体癌症5年生存率提高15％"的目标，结合春江实际，我们主要从专家培训讲座、"明星"经历交流、有氧短途旅游、坚持自娱自乐以及心理疏导和心灵沟通等"4＋1"的模式开展防癌抗癌工作，以提升防癌抗癌工作的有效性。

一是抓防癌抗癌知识培训。利用老年学校、道德讲堂等阵地，由资深的医学、心理学、营养师等为老年人进行讲座培训，邀请了解放军102医院、海尔思体检中心、常州肿瘤医院化疗科、天问国际培训中心等单位的专业人员为老年人进行了体能康复培训和心理疏导，使老年人掌握"不渴也要喝水、不饿也要按时吃饭、再忙也要如厕、再忙也要锻炼、没病也要体检"等养生保健常识。

二是组织有氧康复旅游。组织老年人进行适量的有氧旅游，先后到过宜兴、扬州、金寨等地，这样，老年人欣赏了大自然的美景，达到了放开胸怀、舒心开心的目的，增强防癌抗癌意识，增加对健康元素的认知，更好地调节心态。

三是开展康复经历交流。利用多种场合，采取各种形式，组织召开由癌症患者讲亲身经历的交流大会，崔友林、郭纪明、解月敏等登台介绍自己患癌后身体康复的经过，将各自的体会让大家共享，很好地让老年人在活动中了解防癌抗癌的经验。

四是坚持轻松自娱自乐。开展适当适量的文体娱乐活动，不仅陶冶了情操，也更加有益于老年人的身心健康。发挥老年人专长，在春节前挥笔书写春联；根据老年人特点，组织专场健身操、广场舞展示；考虑老年人喜好，开展门球、钓鱼、扑克等比赛。各种轻松愉快的活动，让老年人在娱乐中得益，在娱乐中享受，在娱乐中提高防癌抗癌的体能。

五是抚慰调整老年人心灵。身心的健康是重中之重。退休下来的60岁以上的人，工作前后的反差较大带来的一系列的变化异常明显，使得这部分人有着一种特殊的心态，感情联络、心理抚慰、情绪调节便显得格外重要。因此，我们针对不同对象、不同层次、不同级别的老年人进行差异化的心理疏导和精神抚慰，使他们理解"退休"的含义，以正确的姿态面对现实，以随遇而安的心态面对生活，更好地融入社会。

三、以抗癌明星为示范，发挥"科学合理康复"的效应

根据世界卫生组织认定：有 1/3 的癌症可以预防，1/3 的癌症可以治愈，1/3 的癌症经过科学合理康复可以实现正常寿命。因此，癌症并不可怕。

人到 60 岁是个坎儿，从工作岗位退下来，生活方式改变了。由于各种机能的减退，60 岁也是老年人癌症的爆发期，全国每天有 1 万例被确诊为癌症的病例，其中 60% 以上的恶性肿瘤都发生在这类人群中。但是，不是说癌症就等于死亡，更不是说得了癌症就不能长寿。

身患癌症但仍能健康的案例大有人在。

通过对防癌抗癌知识的宣传、各种活动的开展，科学康复、体能恢复，达到健康标准的癌症患者也越来越多，像崔有林、邹凤、梅雪娣、杨仁良、谈凤琴等也都是身边的成功康复者。他们用事实证明了：得了癌症不要紧，只要坚定信心、积极治疗，勇于抗癌，慢慢康复，仍然可以活得长、活得久、活得健康、活得快乐，为"康复一人、幸福一家、稳定一方"树立了榜样。

现在，经过一系列的宣传教育和活动的开展，全镇老年人的保健知识越来越全面，适应性体能锻炼越来越注重，精神生活越来越丰富，他们正以健康的体能享受着夕阳红生活的精彩快乐。

他们逐步懂得科学指导保健养生。科学养生是健康身体的基础，经过一系列的培训讲座，他们开始更科学的保健和养生，做到饮食合理、运动适当、禁烟限酒、定期体检、心情舒畅。

他们更加懂得正确的为人处世。活到老、学到老还学不完，因此，他们更加珍惜60岁后的晚年生活，交友交心，善待所有人，摆正自己的位置，打理好自己；以善爱之心，为晚辈树立形象，做一个受人尊敬的长者。

他们懂得了顺其自然地面对未来。生生死死是人生的必然，而人活的是过程。因此，回忆过去是一种快乐，向往未来是一种梦想，过好今天才是一种享受。过好每一天才是属于真正的自己。

党的十九大为我们指明了前进方向，新时代奋斗的号角已经吹响，中华民族伟大复兴的中国梦正在一步步地实现，我们将心系初心，不负使命，把健康教育放在"永远在路上"的重要位置，求真务实，砥砺奋进，共同向着更加美好生活的明天再出发。

（目前项目点已撤并）

10. 提高老年人日常生活能力

甘肃省镇原县十八岘村 CLC 项目点

联合国规定，凡 65 岁以上的老年人口占总人口的比例达 7% 或 60 岁以上老年人口在总人口中的比重达 10% 的，属老年型国家或地区。按此标准，我国在 2000 年已经进入老龄化社会。第六次人口普查数据显示，60 岁及以上人口占 13.26%，比 2000 年人口普查上升 2.93 个百分点，可以看出，中国人口老龄化的速度在加快。而人口老龄化无论是现在还是将来，都可能给我国人口、社会、经济、政治等方面带来较多矛盾。人口老龄化与社会、经济协调发展就显得尤为重要，积极老龄化是当下解决这些矛盾有效途径之一。据此认识，我们采取了相应策略与行动。

一、基本情况与一般做法

甘肃省镇原县十八岘行政村地处陇东黄土高原沟壑区，下辖 7 个村民小组。全村总人口 935 人，其中 60 岁以上人口 156 人，男性 89 人，女性 67 人。大部分老年人为小学文化，学习能力不强，仅有 20 人能使用智能手机，会使用微信功能。由于青壮年外出务工，留守老人在家种地，劳动量大，健康状况堪忧，活动娱乐时间少。村民居住分散，均依山而居。十八岘社区学习服务中心根据这一实际情况开展一系列服务活动，有效地促进老年人之间的交流，丰富了老年人的生活。联合村卫生所、乡卫生院，每年为老年人免费体检一次，给每人发放健康保健包；每年不定期访视四次，免费发放老年预防手册资料；

村小学每学期定期召开家长会两次，参加家长会的基本为老年人，利用这个机会讲解党的最新政策方针及老年病预防、交通、医疗报销、手机使用、互联网等相关政策与常识；利用元旦、六一、春节等节假日组织老年人观看电影、下象棋、打扑克等活动，丰富老年人的文化生活。关注支持服务老年人的生活，十八岘社区学习服务中心一直在努力！

二、制定行之有效的措施方案

为了让积极老龄化实行更加有序，更加快捷有效，必须制定相应的方案以及措施。十八岘社区在积极老龄化方面有着较为完善的方案与措施，具体表现在：

1. 为老人送去自理自救常识，让老人遇见突发状况能在第一时间采取自救。

2. 为老人宣传常用药品用途用量，完善"家庭小药箱"，让老人常见病得到及时治疗，保证身体健康。

3. 村卫生所衔接老人每月定期免费做常规检查，做到身体定期查，有病及时医。

4. 社区中心每周六用爱心车队接送行动不便的老人，到社区中心参加自己喜欢的娱乐活动，如纸牌、象棋、剪纸和木雕等。积极开展群众性老年文体活动，不断创新活动内容，普及健康生活方式，提高老年人生活质量，努力实现"老有所乐"。

5. 每周组织爱心服务队去老人家里打扫卫生，送去生活必需品，解决实际困难，陪老人拉家常，让老人在生活中不感到孤寂。

三、确立重点帮扶对象

老人孙满成70多岁，一人留守在家；王万堂年逾80，一人在家；孤寡老人陈德祥年至古稀，生活无依无靠；申秀芳70多岁行动不便，生活难以自理。这些老人情况特殊，社区制定了专门帮扶方案，重点照料这几位老人的饮食起居，免费发放老年人电话，让他们随时随地可以与社区中心联系，让社区可以随时解决其生活起居方面的困难。

总之，如何服务好农村留守孤寡老人是当前面临的一大难题，社区既要使他们获得生活自理知识与技能，还要给予他们救助及关爱，我们的工作任重道远。今后，我们将继续在这一领域不断探索，寻求更好方法方案，让农村老人老有所用，老有所依，老而不悲，老而不寂。

项目点简介：甘肃省庆阳市镇原县十八岘行政村位于县北部山区，该村由7个村民小组组成，农户216户，总人口935人。该村有六年制小学1所，教师7人，其中高级教师1名，一级教师3名，在校学生56名。

十八岘社区学习服务中心是一个以村委会为龙头、以小学为依托、以村民为主体的群众组织。十八岘社区学习服务中心是中国成人教育协会立项、甘肃省教科所组织实施的项目。2006年5月开始启动，2008年6月正式挂牌成立。由村干部、小学校长、教师代表、群众代表组成管理委员会，在7个自然村确定了项目联络员。社区学习服务中心的具体工作由中心管理委员会负责安排和实施。

11. 扫盲、养生及多样化的老年学习活动

浙江省绍兴市杨汛桥镇 CLC 项目点

农村社区学习中心如何更好为老年人服务？近几年来，我们进行了深入探索，基本形成了四种服务模式。

一、举行扫盲培训，开展文化科学知识普及服务

[案例] 晚上，杨汛桥镇竹园童村文化礼堂内灯火通明，50多位来自该村及周边村的村民齐刷刷地坐在台下，全神贯注地听台上老师讲授数学课。53岁的村民童利娟是其中一位"学生"，上课前她早早地坐在教室里。"以前书读得不多，现在家门口有这样免费学习的机会真的太好了，多学点好处多。"童利娟说，"这样的学习十分方便，同时利用晚上休息时间学习也不耽误其他事……"（2018年5月20日《柯桥日报》 浙江新闻客户端记者 胡思源）

[案例评析] 农村老年人文化程度普遍低下，在农村新型城镇化的背景下，老年人对于获得文化知识的渴求与愿望较为迫切和强烈，普及文化科学知识，也就成为我们作为农村社区服务中心日常工作的一部分。我们主要开展了以"识字、算术"为主要内容的扫盲班教育，兼顾其他诸如公民道德规范与文明礼仪教育、农村社区环境卫生宣传等。我们聘请小学教师定期开展集中教学辅导，做到"建好一班，教好一班，考出一班"，并牵头村、居委员会，对能及时"脱盲"的学员（以通过教体局组织的脱盲测试为准）实施一定奖励。表1是这几年杨汛桥镇60周岁以上老年人脱盲情况。

表1 2013—2017年杨汛桥镇60周岁以上老人脱盲情况

年份	学员人数	办班地点	脱盲人数
2013年	28	孙家桥居委会	27
2014年	33	杨江村	30
2015年	43	联社村	42
2016年	56	园里湖居委会	53
2017年	46	蒲荡夏村、江桃村	44

二、打造精品课程，提供养生为主的健康服务

[案例] 随着乡村群众生活水平的提高，杨汛桥镇的老年人越来越重视养生了，很多老年人想通过学习太极拳来强身健体。杨汛桥成教中心经过多方努力，开办了太极拳培训班，让更多的老年人可以获得就近学习的机会。

据悉，杨汛桥镇太极拳培训班邀请了中国武术协会会员，拥有国家体育总局颁发的社会体育指导员一级证书、二级裁判员资格的知名太极拳教练张文娟女士担任教练。全体学员每周五集中在园里湖居委会文化中心进行学习，平时分散在家练习。（2015年10月29日《柯桥日报》，通讯员　高国民）

[案例] 近日，浙江省韵律武术总教练傅素娟老师来到杨汛桥镇文化中心，为杨汛桥成教中心4个太极培训班的学员以及柯桥区老年大学韵律武术研修班学员作现场指导，让学员们十分兴奋。

太极班的学员们身着统一服装，展示了杨氏8式、24式、32式太极拳、武术组合、陈氏太极拳，他们所展现出的"精、气、神"，得到了傅老师的肯定，让大家信心大增。

今年以来，杨汛桥成教中心开设的健身课程受到青睐，学员人数也翻了倍，目前有221名学员……"（2017年11月23日《浙江新闻网》，浙江新闻客户端记者　张　影）

[案例评析] 作为一项群众喜闻乐见的健身方式，太极拳简单易学，深受人们喜爱。经我们不完全统计，杨汛桥全镇近7 000名60周

岁以上老年人当中，有近 1 400 名老年人平时自发定期或不定期组织参加太极拳锻炼活动。为更好推广普及这项活动，我们联系镇人民政府，在文教卫工作分管领导的大力支持下，于 2015 年 10 月成立了"太极拳协会"。协会拟订了具体的章程与活动制度，邀请省市太极拳名家作定期辅导，在老年大学里设置了"太极拳"课程，深受广大老年学员的好评。几年来，有 2 名学员成为太极拳国家级业余教练员，20 多名学员成为国家太极拳学会学员，更多的学员身体素质得到提高，也提升了老年生活质量。"太极拳"项目也由此成为我们农村社区服务中心的"一品"。

三、设立教学点，以点带面辐射服务

[案例] 3 月 17 日下午，杨汛桥成教中心在江桃举行"教学点"授牌仪式。区老干部局副局长潘琦、办公室主任李涛、区教体局职成教科徐建华等领导参加仪式，来自江桃村及附近村的 80 多名学员参加活动。潘琦和徐建华还为教学点授了牌。

据了解，江桃村是杨汛桥镇远近闻名的"文明村"，村级经济富裕，文化设施完善，而让老年人实现"老有所教、老有所学、老有所为、老有所乐"的品质生活正是江桃村两委会班子所努力追求的服务目标。本教学点的设立，为进一步提高老年人的身体素质和生活质量创设了一个较好的平台，受到村民的交口称赞。（2017 年 3 月 27 日柯桥政务网）

[案例评析] 考虑到服务对象居住地的地理特点（杨汛桥镇地域呈狭长型）以及老年人交通出行不便等因素，2015 年 10 月至今，我们先后在杨汛桥镇园里湖居委会、江桃村、竹园童村先后设立 3 个教学点，以每年平均"一点"的速度拓展，并力争今后几年能辐射到全镇19 个村居。这些教学点均根据柯桥区委、区政府《关于农村文化礼堂建设的"五有"标准》（有场所、有展示、有活动、有队伍、有机制）建设，设有文化礼堂，设施较完备，并由区政府发文命名。具体在做法上，我们开展了"中心服务五进礼堂"活动，包括"培训、讲座、

演出、咨询、展演"5个方面：培训就是对老年人开展中西式面点、地方戏剧、老年腰鼓舞、广场舞等方面的培训；讲座就是开展政治大课堂、社会公德、文明礼仪、美丽乡村建设宣讲、老年人慢性病防治讲座等；演出就是定期邀请区小百花越剧团和镇文体协会的演员进文化礼堂演出传统戏剧；咨询就是联合镇卫生院每年开展一次老年人义诊活动；展演就是定期开展电影播放、书画展示、春联下乡等活动。这些活动深受老年人的喜爱。

四、办好老年大学，搭建老年人服务平台

［案例］12月25日下午，柯桥区老年大学杨汛桥分校召开总结表彰会，20位优秀学员受到表彰。会议还回顾总结了分校一年来所做工作，并提出了今后的工作设想。

2015年，杨汛桥分校在区老干部局的领导下，遵循"增长知识、陶冶情操、促进健康、服务社会"的办学宗旨，开设了舞蹈、计算机、书法、太极拳等多个专业，学员人数呈现稳步增长态势，涌现了一大批先进典型和优秀学员。有1位学员获评柯桥区"三十佳老人"，3位学员获评柯桥区老年体育先进个人。值得一提的是，太极拳班的几位学员还自发捐款1.3万多元，为全体学员购买了练习服装……（2015年12月29日 柯桥政务网）

［案例］6月14日上午，浙江省委老干部局老年大学办公室主任甄柏钧一行，在绍兴市委组织部副部长、老干部局局长朱敏龙，柯桥区委组织部副部长、老干部局局长徐民江等陪同下来杨汛桥分校调研指导。杨汛桥镇党委副书记沈建祥，组织委员蒋利强陪同调研……"（2018年6月20日 柯桥区老干部局网站）

［案例］近日，杨汛桥镇文化中心内，200多位村民参加了区老年大学杨汛桥分校2017学年的成果展示活动。老年大学因而也成为了村民更新知识的课堂，健身养心的场所，开心娱乐的园地，广交朋友的平台。……（2018年7月6日《柯桥日报》）

［案例评析］按照"规范、有序、实效"原则，2014年10月，我

校作为农村社区服务中心,在柯桥区老干部局、区教体局和区老年大学的关心指导下,挂牌成立了柯桥区老年大学杨汛桥分校。在具体策略上,实施"三统一":一是统一机构管理,明确岗位职责,制定管理制度。由成教中心主任兼任校长,下设办公室负责日常教学工作。二是统一硬件配置。腾出3间房作为教室(其中舞蹈室1间、计算机房1间、书画室1间),把党校教室改为政治大课教室,配备了相应的办公桌、生活必需品等硬件设施,开通了各室网络,从硬件上保障了教学活动。三是统一教学管理。坚持"适其所需,授其所宜"的原则,将老年人的需求、兴趣与教育内容融为一体,先后推出20多门课程。几年来,我们努力把分校建设成为"老有所学"的课堂、"老有所乐"的舞台、"老有所为"的阵地、"老有所养"的家园,为打造新型化城镇、构建学习型杨汛发挥了积极作用。

莫道桑榆晚,为霞尚满天。随着老龄化社会的快速到来,如何更好地为老年人服务,如何更好地推动老年教育事业,如何更好地开展符合老年人身心需要的各类活动,我们一直在努力。今后,我们将继续努力,为推动地方社会服务事业贡献更多力量。

项目点简介:浙江绍兴市柯桥区杨汛桥成人教育中心,占地面积3 400 km^2,拥有标准教室6间,党校培训专用教室1个;建有现代化微机房,配有教学计算机40台。中心承担着杨汛桥镇委党校、杨汛桥镇社区教育学院、杨汛桥镇职工学校、柯桥区老年大学杨汛桥分校等教育单位的培训与服务职能。年均培训人数超过10 000人次。2014年9月被联合国教科文组织和中国成人教育协会设为联合国教科文组织农村社区学习中心项目实验点。

第三章

老年教育参与：
社区治理　服务社区

12. 农村老年人参与村庄环境治理

浙江省德清县钟管镇 CLC 项目点

我国已步入老龄化社会，无论是城市还是农村，白发苍苍的老人随处可见，而且每年的老龄化程度都成上升态势。截至 2017 年底，全国 60 岁及以上老年人口 24 090 万人，占总人口的 17.3%；浙江 60 岁以上的老年人口已达 984 万，占总人口的 20.2%；钟管镇是江南水乡小镇，现有老年人口 8 273 人，老年人口已占全镇常住人口的 19.8% 左右。人口老龄化已成为小城镇建设中无法回避的现实问题。如何使老年人健康长寿，提高生活质量并积极参与社会奉献余热，是社区学习中心关注的问题。引导广大老年人从"健康老龄化"转向"积极老龄化"，加强对老年人文化、教育、保健、娱乐等方面的教育培训服务，广泛开展形式多样、生动活泼的各种文体活动，从而不断提高老年人的整体素质。让所有老年人在老有所养的基础上，都能老有所学、老有所乐、老有所为；让每一位老年人都能生活得安心、静心、舒心，都能健康长寿、安享幸福晚年。

钟管农村社区学习中心积极开展了农村社区"老年人参与村庄环境治理"的尝试。尤其在老年人积极参与"五水共治"和垃圾分类等方面做了力所能及的探索。

一、"五水共治"我参与

在全镇上下齐心协力共同努力下，我镇的"五水共治"取得了不俗的战绩：顺利通过中央环保督察、市驻点督查等各项督查行动；

2017年我镇"五水共治"相关工作共被中央级媒体报道12次，省级媒体报道24次。这些成绩的取得与钟管社区学习中心积极组织广大老年人参与"五水共治"中心工作，在"五水共治"中充分发挥钟管老年人的作用是分不开的。

为进一步助推"五水共治"工作，有效促进老年人的社会参与，钟管农村社区学习中心围绕钟管镇党委政府"五水共治"的工作部署，依托镇、村老年协会组织，开展了以"加强老协建设，服务中心工作"为主题的老年人参与"五水共治"行动。

（一）宣传教育。把组织老年人参与"五水共治"等中心工作纳入学习中心培训的重要课程。充分发挥老年人的优势，组织"五水共治"宣讲团和老年人"五水共治"宣传队，广泛深入开展"五水共治"知识的宣传教育活动；动员全镇各村、社区老年群众积极支持治水；参与治水的同时，积极向村居民宣讲"五水共治"的要求、好处，在全镇上下营造全民动员、全民治水的良好氛围。同时，还组织老年人采取发放"五水共治"宣传资料、悬挂宣传标语、制作宣传板报、举办书画摄影展览、组织文艺演出、知识竞赛等群众喜闻乐见的形式，宣传上级领导的决策部署，普及治水的知识技能。

（二）主题实践。积极动员全镇老年人开展"五水共治"志愿服务活动，组织老年志愿者认领河段，做好日常巡视、沿河植绿护绿、清理漂浮物、清扫垃圾等工作。首先开展"人人都当新河长"实践活动。社区学习中心对老年人进行智能手机使用的培训，使他们熟练掌握智能手机的操作，利用微信群和微信公众号及时反馈河道保洁情况，督促河长尽快妥善处理。其次开展"节水减污"家庭竞赛主题活动，鼓励老年人和家庭成员养成节约用水习惯，减少洗涤剂使用和生活污水排放。并以"植树节""世界节水日""防灾减灾日"等各类节日为契机，组织老年人配合有关部门、村、社区，开展植树造林和公益宣传等活动，共建共享美丽家园。

（三）文明劝导。引导老年人积极参与美丽乡村建设、小城镇环境综合整治，并充分发挥老年人作为党和政府联络员、社情民意调研员、乡情民风监督员、老年权益守护员、为老服务办事员等方面的积极作用，鼓励广大老年人举报"五水共治"中的违法行为，开展对乱倒垃圾、乱排污水等现象的监督劝阻。在钟管镇域范围内有一批老年"五水共治"志愿者——文明劝导员，他们着装整洁、精神抖擞，头戴小红帽，身穿红马甲，手持小红旗，为美丽乡村贡献自己的力量。他们除了参与"五水共治"的文明劝导外，还参与垃圾分类、三改一拆等一线活动。正如老年人经常挂在嘴边的："穿上红马甲，代表的不仅仅是我个人，我的言行代表的是老年群体。"他们是这样说的，也是这样做的。

（四）**宜居创建**。以"五水共治"为契机，继续深化钟管宜居环境建设，加强宣传力度，提升老年人和行政村社区群众对"宜居环境"的认同。增强责任意识，激发老年人参与热情，积极支持镇党委政府"五水共治"的各项行动，自觉参与所在村和社区环境整治、绿化养护、节水治污的各项活动，提升居住环境质量。围绕宜居宜游小镇村建设创建要求，老年人自发开展"我支持、我参与、我奉献、我快乐"签字仪式，表达老年人参与创建的激情和担当。同时分发宣传资料和卡片，倡导村民自觉遵守村规民约，做好每家每户文明创建工作。

二、垃圾分类老年行

垃圾分类不仅可以美化环境，还能提高垃圾的资源价值和经济价值，做到物尽其用。钟管镇 2016 年开始在蠡山村进行垃圾分类试点，后在全镇普遍推广。

"功在当代，利在千秋。"垃圾分类本来就是一个好事，值得推广并坚持执行。但推行生活垃圾分类之初，很多村民、居民不太习惯，认为垃圾分类不但麻烦，垃圾分类回收站还占用公共空间。针对这种现象，我们在各行政村、社区组织老年人积极参与垃圾分类活动，让老年人协助镇、村做好垃圾分类的宣传员和志愿者。

（一）**知识入脑**。从 2016 年钟管镇进行垃圾分类试点开始，我们社区学习中心分期分批举办了老年人垃圾分类讲座,从保护环境这一高度向广大老年人深入讲解垃圾分类的好处以及垃圾分类的方法。通过讲座,不少老年人感到自己的环保意识有所加强,认识到垃圾分类在环境保护中的重要意义,同时,更要从自身开始、从点滴开始,保护环境,垃圾分类就是实施环境保护的一项重要工作。同时,还向参加讲座的老年人们发放垃圾分类宣传册和纪念品,让他们了解垃圾分类的必要性和重要性,引导老年人学习如何正确分类。

(二)志愿服务。这些志愿者首先把在社区学习中心学到的垃圾分类知识向家人宣传,并全家响应,认真完成分类工作。然后,一边带头垃圾分类,一边挨家挨户帮助不会分类的居民,并为其讲解垃圾分类的好处。他们每到一个家庭,首先把社区学习中心印刷的垃圾分类宣传资料发放给村民,进行垃圾分类宣传,通过宣传之后,就手把手进行垃圾分类指导,直到他们能分类为止。刚开始的确有不少村民分不清黑蓝二色垃圾桶的差异,尤其是一些上了年纪的村民,总把它们搞混。志愿者为此想了一个办法:"我就和他们说,会腐烂发黑的垃圾就扔到黑色桶里。这么一说,很多上了年纪的人也能分清了。"

(三)绿色环保。为进一步调动全镇村居民参与垃圾分类的积极性,我们在全镇选择了 5 个村开展了垃圾分类积分奖励试点活动,根据垃圾的重量兑换相应的积分,并通过积分兑换生活用品。在试点村,我们在每个村民小组选择了 3 名有一定文化、年纪相对轻一点的老年人,组织他们定期到农户中对垃圾分类进行准确度的检查;并进行称重,根据重量积分,按比例发给一定的奖品(如牙膏、肥皂、纸巾、纸杯等)。这一奖励活动,进一步调动了村居民垃圾分类的积极性。老年人积极参与垃圾分类活动,同样也丰富了老年人的生活,使老年人找到了自身价值。

钟管农村社区学习中心开展的老年人参与"五水共治"和垃圾分类这两项活动,不但使广大老年人锻炼了身体,找到了乐趣,提升了自己的成就感,还真正实现了老年人的老有所学、老有所乐、老有所用,为积极老龄化社会、构建和谐社会作出了一定的贡献,同时,也得到了社会的认可与赞扬。

在积极老龄化过程中,我们进行了积极的尝试与探索,取得了一定成效,但还不够深入,也存在很多问题。积极老龄化是一项长期的工作,是全社会的问题,事关千家万户,更与我们当地的社会经济发展息息相关。随着时代的发展,社会的进步,积极老龄化必须得到各方面的更多关注,特别是积极开展老龄化活动需要一定的经费保障,所以,还需要引起全社会特别是要引起政府部门的高度重视,加大对积极老龄化工作的经费投入,才能使积极老龄化活动深入开展,真正实现老年人的老有所养、老有所安、老有所学、老有所乐、老有所为。

项目点简介:浙江省德清县钟管镇成人文化技术学校地处杭嘉湖平原腹地。镇域面积78 km^2,辖19个行政村和1个社区,常住人口5万,新市民约9 000人。学校占地面积达18亩,各类教育培训设施一应俱全,有"双师型"的专职教师5名,兼职教师60名和社区教育志愿者350名,能较好地满足各类教育培训需求。2012年,学校被列为湖州市唯一的联合国教科文组织农村社区学习中心(CLC)项目实验点,开展了"社区教育为残疾人服务""社区教育为老年人服务"等三个子课题的试点。试点项目也已被收录到UNESCO终身学习研究所数据库。

13. 学在田间

山东省莒南县石莲子镇 CLC 项目点

人类进入 21 世纪，中国人口总量已超过 14 亿。根据国家统计局最新公布的统计数据，我国 60 周岁及以上人口占总人口的比重达 18.7%。

我们认为："老人安天下安，老人稳天下稳。"要想使老年人"老有所乐，老有所为"，关键是丰富他们的业余生活，提高他们的生存能力，这是根本目标。老年人如果无所事事，精神萎靡，疾病缠身，卧床不起，即使吃穿有余，何谈快乐幸福？政府和社会的责任就是以提高老年人生存能力为手段，使他们活得精彩，活得幸福，内心充实，延年益寿，让"夕阳"绽放出更加绚丽的光芒。

近几年来，山东省临沂市莒南县石莲子镇社区教育中心在当地党委政府和教育行政部门的指导下，以社会为己任，把提高老年人生存能力纳入培训工作的内容，探索出一些有益的活动方法。

1. 创新培训模式。在有能力参加农村劳动的老年人中开展"学在田间"活动，不仅使这部分老年人提高了经济收入，而且让他们在适当的劳动中增强了体质、提高了生存能力，为社会减轻了负担。多年的社区教育培训使我们认识到：在农村开展实用技术培训，要把有劳动能力的 60 岁以上老年人作为重点。因为现在的农村，青壮年劳动力除自己创业外还有很多人纷纷进城务工，留在农村的责任田大多由 60 岁以上的父母继续耕种，如何提高他们的生产劳动技能迫在眉睫，势在必行。如果不对这些老年人在技能上提高、知识上丰富、观念上更新，还凭老经验老办法，就很难获得较高经济效益。针对这种实际情况，我镇社区教育中心以"引导结构调整，形成产业特色"为宗旨，通过多个部门联动、多方资源统筹，围绕镇域经济"花生种植""小麦田间管理""大棚蔬菜种植""西瓜栽培与管理""茶果修剪""花生加工""母猪喂养""特色葡萄"创建了8个农业科技实训基地，分期分批组织各村对60岁以上有劳动能力的老人积极参加实用技术培训，不遗余力地推动镇域经济快速发展，大幅度提高60岁以上老人经济收入。更重要的是通过这些培训，使老年们在干中学、学中干，自然而然地提高了生存能力，为子女减轻负担，为国家多做贡献，真正达到"老有所为，老有所乐"。我们的这些做法和事迹被刊登在《中国教育报》2018年2月27日第4版"职教周刊"栏，引起广泛好评。

2. 成立"庄户剧团，开展下乡演出"。我们社区教育中心在逐村调查摸排中，发现各村均有爱好文艺表演的老年人，有的现已七八十岁。在20世纪各个时期为了适应当时宣传需要，各村纷纷成立了"文艺宣传队"，你方唱罢我登场，客观上，也由此培养和造就了一大批农村文艺爱好者。有鉴于此，根据毛泽东同志1942年《在延安文艺座谈会上的讲话》及2014年习近平同志《在文艺工作座谈会上的讲话》要求，我社区坚持重视文艺工作。为此，我社区教育中心联手镇文化站创办了"庄户剧团"，由精于此道的退休老领导、家住大屯村的已是76岁的姚公民任团长。在姚团长呕心沥血的精心领导组织下，自2010年始每年的春节、元宵节、国庆节及重大活动，"庄户剧团"依据当年党和政府工作重点，自编自演为全镇精心准备精神食粮。与此同时，"庄户剧团"积极弘扬祖国优秀传统剧种剧目，应广大群众要求，每年春节期间还上演了如《李二嫂改嫁》《王汉喜借年》《小姑贤》《穆桂英挂帅》《花木兰从军》等10余种剧目，极大地丰富了农村广大人民群众的文化生活，健康向上，激发人心，有力地鞭挞假恶丑，颂扬真善美。据统计,"庄户剧团"成立8年以来,共向各村演出200余场,观众数以10万计,取得了可喜的成果。

3. 进行诗文创作。引导组织辖区有写作能力的老年人进行诗文创作,丰富业余生活,传播正能量。我镇虽属农村农业乡镇,以农业人口为主,但近年来从各行各业退休的60周岁以上老人中,爱好文学、"舞文弄墨"的人也不少。有的本来在工作岗位上就是"笔杆子",还有很多是中小学教师,我们社区教育中心针对这个实际,因地制宜,因材施教,逐村进行了摸底排查,通过谈话了解共排查出有写作能力和愿望的有300多人,于是2010年我们在镇党委政府的批准下,成立了以小河疃村退休老教师王东成为社长的文学创作社,命名为《金秋诗社》,创办刊物为《金秋诗文》,每年定期出版2次刊物,在全镇机关、学校、企事业单位的老年人中进行学习交流,这对于激发退休人员创作,丰富老年人业余生活,传播社会主义核心价值观具有重大意义。文学社创办以来,学员踊跃投稿,积极创作,除了在所创刊物《金秋诗文》刊发诗歌、散文、小小说、通讯报道、民间故事万余首(篇)外,还在全国各级各类诗刊中发表作品几百首(篇),有的还获了奖。其中社长、农民诗人王东成同志,多次荣获国家、省、市、县的一、二、三等奖,他的家庭荣获莒南县委宣传部颁发的"书香之家"。由于我镇诗文创作如火如荼,硕果累累,为2015年莒南县荣膺"中华诗词之乡"作出了巨大贡献,受到中央诗词学会领导同志的好评。我们的做法及经验在省市报刊中被多次报道,引起强烈反响。

4. 成立"太极拳协会"。积极开展在老年人中普及太极拳常识的活动,提高老年人的身体健康和生存能力。我镇的杜家汀河村具有习武健身的优良传统,是远近闻名的"武术村"。60岁以上的老年人不适应剧烈的运动。我镇社区教育中心经过走访调查了解到,他们村的老年人很想推广普及太极拳运动,因为太极拳没有刚性运动,动作舒缓柔软,很利于舒筋活血,增强体质。因此,我们社区决定以该村老拳师、现任村党支部书记的杜善斗为总教练,同时聘请临沂市老年协会主席李西华亲临杜家汀河村文化广场进行太极拳培训示范。经过10多次的组织培训，杜家汀河村200余名60岁以上老人基本上掌握了要领。我们还采取"请进来走出去"的方法对全镇各村有这一爱好的老年人进行分期分批培训指导。所谓"请进来"即各村挑选一定数额的老年人来杜家汀河村现场参加培训学习，相互切磋，直到掌握要领为止。所谓"走出去"，即在社区教育中心统一选拔派遣下，让一部分太极拳熟练者去本镇外村利用夜间在文化广场上对60岁以上老年人进行传授培训。经过近两年的培训，现在全镇76个行政村都有老年太极拳队，无论春夏秋冬，每到夜晚，各村文化广场上老年们统一着装，整齐列队，全神贯注，翩翩起舞，成为一道亮丽的风景。我们的努力使太极拳运动蓬蓬勃勃开展起来，使参加锻炼的老年人心情舒畅，身体健康，生存能力提高，生活质量越来越好，不仅减少了药费的开支，也减轻了子女的负担，利国利民。

"踏遍青山人未老，风景这边独好。"由于我镇社区教育中心持续不懈地创新努力，早在2009年11月就被评为"全国农村成人教育先进学校"，2016年又承担了联合国教科文组织"农村社区学习中心（CLC）能力建设"项目，项目点负责人也于2010年光荣地被评为"莒南县十佳校长"。成绩只代表过去，不能说明未来，在未来的岁月里，我镇社区教育中心决心乘着党的十九大浩荡东风，创新培训模式，在提高农村老年人生存能力上狠下功夫，为政府分忧，为老年输血，让"夕阳"绽放出更加绚丽的光芒。

项目点简介：山东省莒南县石莲子镇社区教育中心其前身是石莲子镇成人教育中心校，创建于1984年。2010年7月在镇政府领导的积极筹措、多方协调下，以成人教育中心校为依托，整合乡镇党校、老年大学、文化大院、人口学校以及农广校等教育培训资源组建了石莲子镇社区教育中心。石莲子镇社区教育中心现辖12所社区学校和一个村级服务站，服务人口7.26万人。中心现有专职教师6人，兼职教师 21 人，志愿者 210 人。石莲子镇社区教育中心 2013 年被联合国教科文组织中国教科文全委会秘书处、中国成人教育协会授予农村社区学习中心（CLC）项目实验点（2012—2016）称号，2016 年又再次被授予农村社区学习中心（CLC）项目实验点（2016—2020）称号。

14. 银龄老年志愿活动

江苏省海安县海安高新区 CLC 项目点

一、活动背景

海安高新区是海安政治、经济、文化中心,现有 13 个办事处,下辖 58 个村(居),常住人口 27.4 万。其中,老年人口 6.69 万,占总人口的 24.4%。

老龄化时代,如何满足全区庞大的老年群体的精神需求?社区教育中心在近年的老年教育实践中,积极开展"银龄行动",搭建老有所为平台,组织老年志愿活动,提升了老年人的生存质量,促进了全区精神文明建设水平的提升。

二、活动呈现

1. 搭建老年志愿活动平台。我区高标准建设了区(社区教育中心)、办事处(市民学校)、村(居民学校)三级社区教育阵地,为老年志愿活动的开展提供了良好的条件;《海安高新区社区教育中长期发展规划》《海安高新区社区教育年度工作意见》等规范化管理文件,为老年志愿活动的开展提供了可靠的保证;社区教育中心丰富多元的专兼职教师队伍、详细完善的老年志愿者档案为老年志愿活动的开展提供了有力的保障。

2. 创新组织老年志愿活动。一是弘扬正能量。"理论宣讲轻骑兵"活动中,老干部志愿者们争当"百姓名嘴",紧扣当前热点,编导贴近群众生活的宣讲作品,创新理论传播形式,通过庭院课堂(进村居)、

"工前小讲堂"（进企业）、乐享学"习"（进学校）、网络推送（进网络）等各种平台开展宣讲活动，让先进的理念在基层得到了广泛的传播。

"传文明敬好人"活动中，老年宣讲团的志愿者们围绕凡人善举进行演讲，推选典型、宣传典型，引导广大人民群众学习典型，深入而持久地传播、弘扬了社会主义核心价值观。

二是助力新发展。"结对帮带"活动中，60名离退休志愿者，与大学生村干部牵手，建立起了以电话为主的联系方式以及一月一走访、一季一汇报、半年一总结的联带结对机制，为乡村发展出谋划策，有效地提高了大学生村干部的工作能力。

"红心助和谐"活动中，80多名老同志成为村居综合治理调解中心的志愿者，帮助居民化解矛盾，服务民生，促进了社会和谐。

"和谐大家庭"活动中，志愿者们积极关注社区五保、空巢、失独、残疾的老年人，开展了精神慰藉、代购生活用品及简单的生活照料等服务。他们定期走进敬老院，帮助老人们整理内务、打扫卫生、修建指甲，和老人们进行面对面的交流，倾听他们的心声，了解他们的需求，建立了长久的帮扶关系。

"共创文明城"活动中，老党员志愿者带头参与氛围营造、环境提升和社区共建工作，认真策划、开展多样化的系列主题活动，以优良党风带民风，以实际行动影响带动社区群众积极投身文明城市的创建，精心打造着海安最美的城市名片。为有效推进垃圾分类，他们巡回走进各个小区，对居民们面对面宣讲垃圾分类的标准及回收方式，手把手指导他们进行有害垃圾、可回收垃圾、其他垃圾的精准分类以及红、蓝、灰垃圾回收桶的分类使用，让他们懂得垃圾分类投放、分类运输、可回收废弃物资源化利用和厨余垃圾无害化处理的重要性，促进了社区居民垃圾分类投放习惯的养成。

"服务农民致富"活动中，农技志愿者们利用掌握的种植技术，促进农民增收。74岁的丁中尤退休14年，坚守"惠农服务站"，坚持葡萄的疏花疏果、牧草种植及利用等新品种新技术的种植试验和推广。目前,他培育的"海安紫桃"在本地已进入大面积种植阶段,并通过互联网推广给贵州、山东等地的40多名种植户试种。60岁的景兴宏夫妇从"四处游击"的户外活计里回归家乡,成功创办了蚕业家庭农场,不仅使来场务工的20多位村民增加收入,更将自己实施标准化栽桑、省力化养蚕、多元化经营的经验无偿与村民们共享,成为海安引领区域现代农业发展、带动农民增收、帮扶贫困户脱贫的典型。

三是关爱青少年。"七彩夏日""缤纷冬日"等活动中,五老志愿者们热衷于关心下一代工作,组织开展了主题宣讲、书法培训、经典诵读、科普安全、实践体验等丰富多彩的活动,丰富了少年儿童的假期生活。

不仅如此,他们还倾情呵护着一些特殊儿童。75岁的曹肇铭,退休不退岗,无私奉献,发挥余热。他在负责"村关工"工作的过程中,逐渐发现了一些问题儿童家庭教育的缺失,便腾出家中的客厅,创立曹肇铭"家长学吧",设立家长课堂,举办家教讲座,传播家教知识,分享典型案例,累计与家长交流探讨家庭教育的方法和途径800多人次。

退休教师吴兴宝,毅然放弃家中出租房近万元的年收入,开办"四点半学校",主动担任留守儿童的"代理家长",无偿辅导100余名留守儿童和外来务工人员子女,利用寒暑假开展了"十个一"活动(为每名留守儿童落实1名代理家长、与家长进行1次沟通、帮助他们结交1个新朋友、鼓励他们打1次亲情电话、每周讲述1个法制小故事、组织观看1次法制动漫、共同阅读1本法制宣传好书、举办1次法律主题教育活动、组织1次普法学习交流、开展1次文体比赛)。

四是传优秀文化。"行千里路,进百家门"活动中,文艺宣传志愿者把开展群众参与度高、喜闻乐见的文化活动作为主攻方向,常态化开展文体活动,做到逢节必庆、约期定点、文体互动。累计开展"农民乐一天"文体活动58场;向中国好人、江苏好人、老党员、军烈家属、困难群众等送去惠民文艺演出 232 场。罗汉龙、板凳龙、胡集花旦等一批特色鲜明、韵味浓厚的品牌节目的打造，更是体现着极具海安地域特点的文化元素，增强了社区居民对本土文化的自信。

"老街公益课堂"上，志愿者们设计开展了海安非物质文化遗产保护系列活动：国家级工艺美术大师焦宝林与"海安扎染技艺"作品推介、农民作曲家卢辉荣与"海安民间音乐"访谈展演、市级非遗传承人谭薇薇与"海安钩针技艺"服饰走秀、顾如铭"海安剪纸"王金龙"海安灯彩扎艺"的现场展示、杨培杰与"海安花鼓的传承与发展"三代传承访谈展演、"海安龙舞与青墩稻作文化"的公益讲座、"家乡的味道"海安糯米陈酒与冰雪酒的免费品尝……精彩的活动吸引了众多群众参与传统技艺的体验、民间艺术的欣赏和非遗知识的传播，提高了社区居民对海安文化遗产的自豪感，增强了他们参与文化遗产保护的使命感和责任感。

三、活动体会

1. 开展老年志愿活动有益于健康老年化。"参与社会"是联合国倡导的老年人五项原则之一。社会老年学的有关理论也认为：老年人退休后往往感到心理失衡，感到空虚。假如他们能够维持一定的活动水平和原先的精神状态，保持与外界的接触，就可以相对长久地保持身心健康，延缓机体老化。组织老年人开展各种志愿活动，以"志愿者"的角色取代其原先的"劳动者"角色，让老年人继续"参与社会"，是实现"健康老年化"的有效途径。

2. 开展老年志愿活动具有一定社会价值。从事志愿活动最需要的并非体力，而是时间、资源及耐心等，这些恰恰是老年人的强项。他们不仅时间宽裕，而且所拥有的知识、技能、经验不会因为他们跨过 55 或 60 岁的生理年龄而失去。较之于中青年人，老年人从事志愿活动拥有独特的优势。老年志愿活动的开展，有助于加强和改善社会服务，协调解决社会问题，促进社会融合和进步，具有重要的社会价值。

3. 开展老年志愿活动的几点感受和反思。一是转变思想观念。许多人、甚至是老年人本身或他们的子女们都认为，老年人应该退出社会舞台"安度晚年"。因此，我们需要通过多种途径引导他们充分认识到老年人作为人力资源的存在，充分认识到"老有所为"恰恰是老年人最高的精神需求，进而形成有利于老年人参与社会的良好氛围。

二是提供信息服务。现代社会是信息社会，老年人无疑是这方面的弱势群体。因此，我们将设置老年志愿者活动信息中心，提供社会公益活动的供求信息，邀请有经验的老年志愿者担任指导员，使老年人易于接近并乐于从事志愿活动。

三是降低参与门槛。2003年，全国老龄委组织了旨在引导老年知识分子老有所为的"银龄行动"。从而，设计符合老年人特点和能力的志愿活动，让更多身心健康、有一技之长的老年人能够参与社会服务，自尊、自立、自强、自爱，获得社会的接纳和尊重，是我们想要实现的目标。

积极开展银龄行动，充分展现银色力量，让志愿者队伍中闪烁的银光成为"老龄化时代""长寿化社会"一道亮丽的风景线。为此，我们将不懈努力。

项目点简介：江苏省海安县海安高新区社区教育中心创建于1983年，学校位于海安高新区中城街道，全区现有13个办事处、58个村（居）委会，总面积214.34 km²，常住人口27.4万，外来人口约2.5万。学校占地7 000 m²，拥有专职教师25名，办公、教学配置全、定位高，是集现代农民教育、社区居民教育、积极老龄教育和青少年校外教育为一体的综合性教育培训基地。2014年，高新区社区教育中心成为联合国教科文组织农村社区学习中心项目实验点。

15. 学习生产生活技能

河南省栾川县合峪镇 CLC 项目点

合峪镇坐落在栾川县的东部。距县城 34 km，全镇辖 21 个行政村，158 个居民组，面积 306 km²，常住人口 25 000 人，是个山区小镇。传统的农田耕作和现有的村庄生活条件已不能满足村民的生活需求，于是多数山区青壮年劳动力为了改善家庭生活现状选择了外出打工。随着务工潮的掀起，乡村"空巢"现象非常严重，平日里老人的生活无人照料，为了生计他们还要肩负着耕种农田的重任。据调查在山区务农的人 80% 是 60 岁以上的老人，他们起早贪黑在地里忙着，农闲时还要到大山上采挖一些当地的土特产如中药材、蘑菇、兰花等卖点钱维持生活。他们大都居住在偏远的深山区，交通不便，信息闭塞，在产品销售中经常吃亏上当。那些小商贩利用老人们对信息掌握不准及心地善良的特点，经常出现欺诈老人的现象。甚至利用假币进行交易，使老人血本无归。下面举两个案例：

［案例 1］十八盘村有位 65 岁的老人名叫李德阳，在上山采野菜途中挖到了一棵品质上好的兰花。他不知道市场行情，以 200 元的价格卖给了小商贩，小商贩把兰花带到销售市场卖了 12.8 万元，老人得知这个信息后气得害了一场病。如果该老人了解市场行情，就不会吃那么大的亏，若能得到 10 余万的收入，就能解决这位老人几年的日常生活费用。

［案例 2］合峪砚台村两位老人辛辛苦苦养了一大群羊，被几名鲁

山的"客商"高价购买。老人以为卖了一个好价钱,高高兴兴去信用社存款。当信用社的工作人员接过钱清点时,发现全是假币,等于老人的羊群换来了一叠废纸。几年的辛劳全白费了,更不用说生气治病又花去了不少钱。

面对实际问题,合峪镇成人学校开展了针对性的为老年人服务工作。

1. 成立老年人协会。以村为单位成立老年人协会,协会把本辖区内 60 岁以上的老年人建档立卡,详细记录每位老人的具体情况。如家庭情况、身体状况、联系方式等。

2. 培训。我校以服务"老年人"为宗旨,实行产教结合,以市场为导向,以能力培养为主线,围绕当地政府的产业结构调整和老年人生产、生活实际需求搞培训。在培训形式上突出一个"活"字,采用走村串户送教上门、现场指导、设服务电话等多种形式开展实用技术培训。特别是服务热线的开设,更快捷、更有效地解决了老年人在生产中遇到的一些实际困难和问题,收到了事半功倍的良好效果。培训内容上突出一个"实"字,根据农时季节和市场需求,把那些"实际、实用、实效"的新技术传授给大家、新项目介绍给大家,如对老人进行实用技术、健康生活、安全急救、防盗防骗等方面的培训。通过培训使老人们增长了安全急救知识,提高了防盗防骗能力,取得了良好的效果。

3. 免费为老年人体检。农村老人从来是小病不看医生,大病才到医院,往往是治疗不及时,错过了最佳治疗时机,导致严重后果。对此,我校与镇卫生院联系,每年为全镇 60 岁以上的老人免费检查一次身体,若发现问题让他们及时诊治。

4. 开展为老人送温暖活动。全镇每个老人协会成立一个文化素质高、热心为老年人服务的志愿者服务队。帮助老年人解决日常生活中的一些实际问题。

(1)帮助老年人购买种子、化肥、生活日用品等。

(2) 接送行走困难老人看病。

(3) 为老人提供市场信息。

(4) 帮助外出困难老人销售农副产品和土特产等。哪位老人需要什么帮助，只要给服务队打个电话或托人捎个口信，服务队就会在最短的时间内上门服务。

这些举措实施后收到良好的效果。例如酒店村一位老人在山上挖到了 100 余斤猪苓，一名药贩子找上门来，想以每斤 20 元的价格收购。这位老人头脑很清醒，给服务队打了一个电话询问市场行情，服务队派专人帮老人以每斤 80 元卖掉，这样老人多收入了 6 000 余元。老人高兴地逢人就说："服务队真好，只要有服务队这些好心人，我们就不会吃亏上当，我们心里就敞亮。"

我们做的这些得到了社会的认可，也给那些热心公益事业的人提供了一个平台。今后我们要扩大服务范围，不仅在生活上和生产活动中给予老人服务，更要在老人的娱乐方面提供支持，使生活在深山区的老人在闲暇之余不再寂寞孤单。

关爱老年人是全社会的大事，只要大家都伸出关爱之手，奉献爱心。老人们一定会老有所学、老有所为、老有所乐，安度晚年。

项目点简介：河南省栾川县合峪镇成人教育学校成立于 1983 年 3 月。学校有独立的校院，占地面积 1 200 m²，建筑面积 250 m²，有标准化教室 1 个，图书室、档案室、办公室等设施齐全。学校有专任教师 1 名，兼任教师 2 名。图书室存有图书 5 200 册，其中专业技术书籍 2 868 册。2014 年 9 月被确定为联合国教科文组织农村社区学习中心（CLC）能力建设项目实验点。

第四章

老年教育传承：传统文化　发扬继承

16. "顾家造纸"传承

浙江省杭州市戴村镇 CLC 项目点

2015 年末，萧山区总人口 111.319 8 万人，其中：60 岁及以上老年人口达 24.879 6 万人，占总人口的 22.35%；65 岁及以上老年人口达 16.357 0 万人，占总人口的 14.69%；80 岁及以上高龄老年人口达 3.751 7 万人，占总人口的 3.37%。根据国际通行标准，萧山区人口老龄化发展程度已达到中度老龄化，并处于快速发展阶段。因此，老龄事业已经成为一项十分重要的社会事业。

一、老年人的学习需求

在较长的一段时间之内，由于农村经济发展水平相对不高，社会保障制度相对不完善，对于老人，无论政府或者民间，注意力更多是关心老人的赡养与生活照料，对于老人的精神关爱关注较少。进入 21 世纪以来，农村经济发展迅速，社会保障制度日臻完善，老年人的赡养问题已经得到比较好的解决。当他们基本解决了物质生活之忧以后，自然而然的，对精神生活有了一定的需求。

老年人闲下来以后，会生产很多的不适应。有的会心理焦躁，经常发无名之火；有的无所事事，变得闷闷不乐，严重影响身体健康；有的不恰当地把时间、精力转向不良爱好，如赌博、封建迷信之类；更有甚者，打探小道消息，散布一些谣言……凡此种种，一方面影响老年人的身心健康和生活质量，另一方面，也对社会和谐带来一定影响。所以，关爱闲下来的老年人，是社会必须关心的问题。

我们这个社会，一个素质好的老人也无疑是一个"宝贝"。他们或言传身教，或参谋顾问，为社会的发展与安定贡献着智慧与经验，而这种作用在农村地区更为明显。邻里产生矛盾，老人出面调解，矛盾大事化小、小事化无；村务决策议而不决，老人出面定夺，问题迎刃而解，各方皆大欢喜。但是，老人参与社会治理需要平台，需要与时俱进，否则老人们只凭老观念、老经验，可能不仅不能解决问题，还可能使问题更复杂，这就需要通过老年教育为他们搭平台、提能力。

二、传承传统技艺，老年人发挥作用

戴村成校于 2012 年 9 月利用学校现有资源，建立了集教育培训、文化娱乐、健身休闲于一体的老年读书俱乐部，并以此为核心向周边行政村辐射，建立了 23 个村级俱乐部。以俱乐部为基地组织开展了一系列老年教育活动，初步形成了乡镇老年教育的"俱乐部模式"。

戴村镇老年读书俱乐部本身就是一个老年学习社团，这个社团成员众多，文化程度、兴趣爱好各不相同，因此他们的学习需求也有所不同。因此，根据这一特点，俱乐部因势利导、因地制宜，建立了以兴趣为纽带的各类学习社团。

"顾家造纸"传承协会是其中一个典型。"顾家造纸"传承协会其实是个老社团，它主要是由一群热衷于省级非物质文化遗产项目——"顾家造纸"的保护与传承的老人组成。他们一方面学习、展示，作为自我陶冶；另一方面他们举办培训班，招收青少年学员，使这一文化瑰宝后继有人。

曾经，顾家溪村生产的原书纸，"业传祖父，延及孙曾，楮生妙制，名噪洛阳"。顾家纸在当时的京城洛阳，声名远扬。顾氏宗谱里记载："公有特立之志，勤俭积资，添购近地竹山，由是出纸愈火。搬售吴群，历久名噪，价重洛阳，两江委臣进御用纸，岁需万计，皆以公纸为称。"记录了当时生产销售两旺的景象。

2009 年，"顾家溪手工造纸技艺"被列入浙江省非物质文化遗产代表性项目名录。

在陈旧的道具上,传承人顾云明演示着"抄纸"和"刹榨"的制作过程。他说,土法造纸的工艺很复杂,从青色的竹子到最后的纸张,要经历多道工序,制作环境艰苦。完整的生产过程要历经数月,每一步骤的手工艺者操作娴熟,而操作过程也全凭个人经验掌握。

展厅里的造纸道具、工艺流程资料,见证了顾家溪造纸工艺几百年来的辉煌历史。

顾家溪手工造纸传承基地不仅仅是60岁以上老人们的"记忆",还是老人们向人们展示"顾家造纸"的最好"战场"。目前在戴村成校的推动下,"顾家造纸"传承基地走出顾家溪村,走向社会,并将"非遗"保护传承融入戴村镇初级中学。

顾家溪村的老人们通过以下活动展示手工造纸的全过程。

折竹。顾家溪村属丘陵半山区,四周都是茂盛的毛竹林,素有"十里竹海"之称,就地取材给了顾家溪人得天独厚的优势。

削竹。刨去竹子绿色外壳。

去青竹。留下竹肉,随后将竹节逐个敲落。方言(拷kao 白ba)。

断料。将每一竿敲碎后的竹子,断成30 cm一段,约20 kg扎一捆,称之为一页料。

浆料。将整捆竹子,过一遍石灰池水,使其第一次发酵。

皮镬(huò)。古代烹煮食物的大锅。将原料放入镬中满水过原料,昼夜不停烧一周左右,停火后焖3~4天。

泡洗。将粘有石灰的原料,反复洗净,放置山泉水出口,淋上三五天。方言(翻fai 滩tai)。

浆尿。为了二次发酵,将原料在储满小便桶内过一遍。

入站。将粘有小便的原料放入发酵站,焖一周左右。

舂(chōng)料、活料。20世纪60年代,纯手工制作时,利用脚踏螳螂头和水碓盘两种形式,将原料捣碎称为舂料,捣碎后倒入水继续将其捣烂称为活料。

研磨。20世纪70年代,利用机械粉碎原料,大大提升了制作效率。

捣浆。将捣烂的原料加入清水槽筒内，搅拌成纸浆料。方言（撞耙）。

抄纸。用竹帘捞纸浆称为抄纸，是整个造纸过程中最难的步骤，纸的厚薄全凭个人经验掌握。

晒纸。将纸从纸筒上揭下，五张成次，称为夹张将夹张贴至熥（bì）弄烘干压纸。累积 2 000 张纸左右，用千斤顶榨干纸堆中水分。方言（刹榨）。

裁切。按尺寸要求将纸块分成相对纸筒。

纸房晒纸。20 世纪 70 年代后，转变为纸房晾干、利用阳光晾晒等方式。

捆扎。一百张纸成一道用箬（ruò）壳隔开，2 000 张捆成一件。

磨去成捆纸的毛边，盖上"顾家溪村"印章，便可销售。

"古法造纸"，是顾家溪村宝贵的文化财富，也是老人们的"记忆"之地、展示之地。

三、"俱乐部"让老人发挥作用

首先，把设在戴村成校的老年读书俱乐部打造成一个老年学习社团，形成一个老年学习共同体。所有愿意参加老年读书俱乐部活动的老年朋友，都可以作为社团成员。其次，在这个中心社团的基础上，根据每位老年人的兴趣爱好、专业特长，建立若干个兴趣社团，如顾家造纸协会、跑马灯社团、老年书画社、老年太极队、老年关心下一代讲师团等社团组织。由此，以读书俱乐部为核心，衍生出各个兴趣社团的放射状活动模式。

这些社团成员往往不止参加一个社团，最多可能参加三个甚至四个社团。通过社团，定期参加各类活动。

老年人在参与"俱乐部式"老年教育的过程中不仅提升了主体意识，也培养了社会参与能力，以更积极的生活理念，参与到家庭、社区、社会的发展中。"俱乐部式"老年教育能够为老年人提供社会参与的平台。首先，教育活动将老年人凝聚为一个能动的群体，形成彼此参与的互助团体，这种互助不仅体现为老年人在教育活动中的沟通交流和人际互动，在日常生活中的生活互助和情感互动，也体现为老年人根据所学开展各种扶助活动，如提供子女赡养、房产纠纷等方面的法律援助，提供丧偶或遭遇突发事件的心理救援等。在为他人提供服务的过程中，老年人自身也实现了助人助己、社会参与的愿望。其次，老年人学习文化知识的同时，可以直接借助社区平台，主动参与到社区服务和社区管理中，为社区的发展贡献自己的一份力量。

项目点简介：浙江省杭州市萧山区戴村镇成人文化技术学校所在的戴村镇处于杭州市的西南面，全镇22个行政村和1个中心社区，3.8万常住人口，总面积62.8 km^2，成校占地面积10.55亩，拥有建筑面积1 140 m^2。普通教室5个、专用教室1个，电子报告厅、活动室各1间。戴村镇目前已经建立起近200人的社区教育志愿者师资人才库，有市级群众性优秀社团1个，区级群众性优秀社团3个。并正在逐步实行师资人才的"菜单化"管理。戴村成校是联合国教科文组织社区学习中心项目（CLC）最早的实验点之一。

17. 太极养生：把老年人组织起来

湖北省武汉市大集街 CLC 项目点

我国已经进入老龄化社会。在农村，老龄化的问题显得更为突出。随着我国城市化进程不断加快，许多村庄拆迁集中到还建社区中，村民变居民。家庭模式中传统三世、四世同堂越来越少，越来越多的家庭趋于小型化，再加上大量年轻劳动力去往一线二线城市发展，子女很少在父母身边，使得在农村老年人当中，空巢老人和独居老人居多，农村老龄化的问题显得更为严重。

一、社区老年人基本情况

湖北省武汉市蔡甸区大集街莲溪社区是大集街最大的农民还建社区，目前已入住2 482户，总人口6 842人，60岁以上老年人有1 000多人，大部分老年人都是失地农民，文化水平低，无退休金，只有基本的生活补助金。

村民变成居民后，虽然居住条件得到了很大改善，但是由于无地可种，整日无所事事。要么到棋牌室搓麻将；要么加入各种保健品推销班；甚至有人被邪教忽悠，在那里寻求精神寄托。这种种状况既可能不利于自身的身心健康，又可能影响家庭和谐、社会稳定。

如果老年人受健康问题的困扰，将会给家庭和社会带来严重的负担，影响着老年人自身生活质量和家庭生活质量。

二、积极应对老龄化问题

2017年我社区获批成为CLC项目实验点，这为我们打开了成人教育、社区教育、老年教育理论与实践的国际视野，让我们接触到了大量的国内外开展社区教育和学习的新理念、新理论和好的研究成果、成功的实践案例，使我们既有了学习的榜样，也增添了实践的动力。

《老年教育发展规划（2016—2020年）》提出"老有所教、老有所学、老有所为、老有所乐"的目标，为今后一段时间我国老年教育的发展指明了方向。"老而好学，如炳烛之明。"要为老年人提供适合其年龄和身心发展特点的教育，助其终身学习，为"老有所为"打下良好的基础，从而让他们能在互学、互帮、互助、互教的过程中感受老年生活的乐趣。

这些新理念为我们项目点进一步开展太极养生活动，提升辖区老年人的生存能力打开了思路，增强了信心。

（一）了解需求和确定项目

1. 调查研究。通过对社区50多位老年人的调查研究，我们发现他们的健康状况堪忧。有30多人存在不同程度的心血管疾病，血压普遍偏高。40多人有腰肌劳损、肌肉无力的现象。所有人都存在睡眠障碍、睡眠质量不高的问题。心理上存在失地农民普遍的空虚感、失落感。在调查他们对运动、锻炼、健身、养生等方面有哪些学习需求时，希望健身锻炼的有45人。而在健身项目当中对广场舞比较感兴趣的有12人，对太极感兴趣的有35人，可见其中多数人希望学习太极拳。

2. 确定推广太极拳养生作为提升老年人生存能力的方向。

一是社区有开展太极拳活动的传统。莲溪社区地处知音故里，不仅有着深厚的历史文化底蕴，而且自古以来崇尚武风。1992年蔡甸区被评为全国首批武术之乡，省级非物质文化遗产项目杨氏洪门拳发源于大集街，许多社区居民至今仍保留着习武强身的传统。

二是社区有开展太极拳活动的优势。莲溪社区是武汉市农村示范社区，社区所在街道政府非常重视失地农民的养老生活问题，在经费和场地上都给予大力的支持。莲溪社区广场硬件设施比较完备，具备开展太极拳教学的条件。同时社区太极拳教学得到区武术协会的大力支持，武协愿意从城区派人来社区培训社区教师。最关键的是本地学校里面有许多愿意学习太极拳的教师，同时，他们也愿意把学到的知识教给社区老年人。

在 2014 年 2 月，我们依托蔡甸区武术协会的太极拳老师技术指导，组织大集街 28 名教师组建了太极志愿服务队。通过武协老师一个月的集中指导，他们很快就初步学会了太极拳，这也为我们 CLC 项目点开展大规模居民培训打下了坚实的基础。

（二）有针对性地开展太极拳教学

老年人是一个特殊的群体，个体差异性比较大，特别是农村老年人由于文化水平较低，理解能力比较弱，学习慢，忘记快。因此，太极拳教学必须考虑教学对象的特殊性，在教学内容、时间、形式等方面的安排上，充分考虑和照顾他们年龄、体能、心理（包括记忆力等）等方面的特点，摸清规律，不断改进教学方式，提升教学效果。

1. 教学方式和态度。集中教学时先通过幕布投影播放教学视频，统一动作标准。再把学员进行分组，一般一组 12 名学员，2 名教师。一位教师在前面示范解讲，一位教师在旁辅助，帮助学员纠正不规范的动作。

为方便老年人在家自学，我们根据老年人年龄特点，简化了杨氏老六路太极拳，创编《天星六式太极》教材，录制天星六式太极视频，创建《天星六式太极》微信公众号，使社区居民通过线上、线下全方位地学习太极拳。

在教学过程中，我们特别注重切实维护好老年人的自尊心，要求所有教师必须以耐心、细致、友善的态度进行教学，热心关爱每一位老年人，多对老年人说"不错""漂亮""加油"之类的鼓励话，并且通过分组比赛、集体表演等活动来调动老年人学习太极拳的积极性，增强他们的自信心，并使他们能相互帮助，促进了学习效果的提升。

2. 教学内容和时间。"学拳难、修拳更难。"对于大多数老年人来说，想三十天轻松学会太极拳，几乎不可能。如果所教内容太难，初学乍练的老年人既怕被别人说笨，丢面子，还容易引发他们的畏难情绪，打退堂鼓。

为此，我们特别注重教学计划的适度性，在教学内容的安排上，以杨氏太极拳为主，把杨氏 24 式太极拳和八段锦等简单、轻柔、高雅、宜学的拳式作为入门课程。即便是零基础的老年人在练习太极拳一年后，也较容易掌握太极功夫扇、32 式太极剑等不太要发力、运动量较小的拳术。经过两三年锻炼，再教授老六路等中级拳法。

教学时间不宜太长，每天早晚各一次，每次一个半小时。如果练习时间太长，加上老年人动作可能不规范，容易造成腰、膝、踝等关节扭伤及肌肉和韧带拉伤。许多老年人刚打拳时，追求电视上的效果，把"身架"打得特别低，导致膝关节受伤，不能继续打拳。这些都是我们在教学当中竭力避免出现的问题。

3. 农村老年人掌握一套太极拳很不容易，一般需要半年。以杨式二十四式为例，开始教的时候，每天教两招，把全部招式教一遍大约需要半个月，然后从头开始修拳需要一个多月，再在老师领拳下反复练习需要一个多月，最后去柔化僵独立完成整套动作需要半年。

4. 多方面鼓励老年人的参与。通过长期与老年人接触，我们发现他们有很强的表现欲望，渴望别人承认自己，体现自己的价值。如果只学不演，时间长了，他们容易产生疲劳感。为了调动他们的积极性，我们利用节假日、重大事件广泛开展活动，充分调动老年人参与活动的积极性，增强其幸福感、获得感和成功感。例如我们积极组织老年人参加了以下活动，收到了良好的效果：蔡甸区"8·8"全民健身日活动；社区重阳节、国庆节活动；武汉市社区文化节；蔡甸区社区艺术节；全省"三乡"工作现场会花博汇太极表演；"天星卧功"世界纪录认证会太极表演；武汉半程马拉松新闻发布会太极表演；全市"乡风"现场会太极表演。

随着太极养生教学活动的不断深入，活动在社会中的影响日益扩大，武汉电视台、《楚天都市报》等不少新闻媒体慕名而来，争相报道。媒体的报道不仅肯定了我们的工作，同时还调动了社区老年人学习太极养生的积极性。

(三) 初步效果

许多老年人一路学习下来，身体上得到锻炼，精神上得到满足，思想上得到升华。走出家门，来到广场一起打拳，融入了社会，结识到来自不同行业的朋友，交流心得体会，内心得到满足，性格变得更加的随和、豁达，心境更加的开阔，还可以感受到中华文化的博大精深。

一位75岁"孤巢"老人邓志春在写给蔡老师的感谢信中写道："儿子和媳妇在四川打工，在电视上和网上看到家乡社区老人打太极拳的活动报道，感到十分欣慰和高兴，表示能在外地安心地工作了。"

"我今年61岁了，自从大集莲溪社区建立武术队以来，我就参加了锻炼，在老师们的细心教导下，我学会了24式太极拳、32式太极剑、推手等健身活动。我本人最大的收获是精神状况变得比以前好了。每天坚持锻炼，吃饭也特别的香，尤其是我以前得了十二指肠溃疡、慢性胃炎，消化不好，现在感觉比以前年轻的时候都强了。总觉得，只要坚持锻炼，身体状况一定会更好。感谢武术队的成立。希望武馆长长久久地办下去。"学员俞荣琴面对武汉电视台记者的采访时高兴地讲道。

一次，65岁的退休教师姚宗国非常自豪地告诉我们，前几天乔迁新居，和30多岁的儿子一起搬家，儿子搬了一个小时就搬不动了。而他自己搬了一下午，身体不感觉累。自己的体力比儿子都强多了。

我们发现开展太极养生班的教学不仅有利于传承和发扬中国传统文化，而且有助于农村老年人养成健康生活方式。太极拳以"天人合一"为其哲学基础，以崇尚自然、追求和谐为其精神支柱，练习时要求心静体松，要求人的一切活动皆符合自然、人、社会的自然规律。这种追求生态和谐的自然观，可以转化为追求社会和谐的人文观，即人与人之间应建立一种友好和善、和睦共处、互相帮助的平等关系。

太极拳拳架、推手的练习、交流、探讨，可以大大增加人际交流，从而使练习太极拳的老年人能较好地协调人际关系、扩大社会交往，提高社会适应能力。使老年人在平衡舒畅的状态下，排除不必要的紧张和不良情绪的影响，改变不良生活习惯，养成健康生活方式。

三、今后的设想与打算

针对本社区失地人群较多的情况，今后将进一步与其他部门合作，组织和联合志愿者，开展更加多样化的农民变市民的素养提升活动，使 CLC 更加发挥出促进当地发展的作用。

项目点简介：大集街社区教育学校位于湖北省武汉市蔡甸区大集街社区，学校成立于 2014 年 5 月，2017 年 7 月参加 CLC 项目。学校目前有教职工 7 人，开设有太极养生、南湖高龙、研学教育、歌唱、二胡、戏曲、舞蹈、手机培训等十几门课程。学校教学服务范围包括大集街所辖的 34 个行政村，260 个村民小组，7 个社区居委会。户籍人口 40 963 人，其中城市居民人口 11 498 人，农村人口 29 465 人，流动人口约 8 502 人，常住人口约 5 万人。

18. 打造老年学习品牌"慈韵"

浙江省宁波市慈城镇 CLC 项目点

国务院《老年教育发展规划（2016—2020年）》指出：在办好现有老年教育的基础上，将老年教育的增量重点放在基层和农村。因此，发展农村老年教育是优化城乡老年教育布局的关键所在。

慈城老年大学自2014年9月正式创办以来，已历时4年有余，截至2018年6月，已形成"1分校（两区）、2骨干社区教学点、15个一般教学点（简称1校2翼15点）"的教学布局，在18个教学单位中，有11个教学点位于农村，是典型的"以农为主、城乡结合"的农村老年教育类型。

历经4年迅猛发展的慈城老年教育，正处在"由初期量的扩张向质的可持续发展转型"的瓶颈阶段，也是先行一步的基层老年教育共同的现象。突破瓶颈，就是要找到如何保持农村老年教育的可持续发展之路。4年来，慈城老年教育工作者们孜孜以求答案。

国务院《老年教育发展规划（2016—2020年）》指出：因地制宜开展老年教育，鼓励结合当地历史、人文资源和民俗民风等特点，推动老年教育特色发展。

"因地制宜、特色发展"，这为实现慈城老年教育可持续发展指明了方向。

在4年的探索发展中，慈城老年大学从慈城历史文化出发，形成了以"慈孝"为核心精神的、体现慈城1 200余年古县城历史文化特点的教学品牌——"慈韵"。

"慈韵"由来。因治南有溪，东汉董黯"母慈子孝"而得"慈溪"县名，县治所在，名为"慈城"。

清人徐兆昺《四明谈助》载：唐开元（713—741），令房琯开凿之以溉民田，始有慈湖。

走进慈湖，穿越千余年历史文脉，慈湖人文底蕴深厚，源远流长。汉代的董黯、阚泽，唐代的房琯，宋代的杨简、王安石，明代的罗贯中等历代名贤都在慈湖留下了踪迹，"只今烟水平轩槛，触目无非是孝慈"（杨简语）。慈湖见证了慈孝文化的形成。

江北区老年大学慈城镇分校傍依于悠悠慈湖，滋养于千年古镇，以弘扬慈孝文化为自己任，取"慈韵"为学校教学品牌之名，寓意将慈孝之韵实践于课程构建、团队建设、以此凝聚校园文化，弘扬慈孝精神。

"慈韵"教学实践。课程和社团是教学相辅相成的两个方面。"慈韵"的发展，也正是从这两方面着手，"慈韵国学课程""慈韵文化团队"成为"慈韵"教学品牌的载体。

1."慈韵"国学课程

（1）课程组成。"国学"一般又称"汉学"或"中国学"，泛指传统的中华文化与学术。"慈韵"国学课程是以慈城乡土文化为依托，深掘慈城古蕴，以慈城民画、古琴、国画、书法、越剧等为核心组成的课程系列，目前已形成5类11种国学课程系列。

乐器类：古琴、二胡、琵琶、葫芦丝

书画类：慈城民画、国画、书法

舞蹈类：越剧表演、民族舞

体育类：太极拳（剑）

手工类：竹编

在以上课程中，慈城民画、竹编两门课程就是深掘慈城古蕴而形成的。

慈城民画，强调画面的抒情性，以慈城风情民俗为主要表现内容，是植根于慈城的一种地方画，由学校组织专业教师创研而成。

竹编是以编织"熊猫篮"等竹制品为主要内容的课程，其植根于慈城"慈竹"文化。慈城先民以竹为具，以竹为器，涵竹为德，孕育出"虚而有节、不慕容华、淡泊明志"的"慈竹"文化，是慈城千年慈孝文化的有机组成。为此，学校投资40余万元专设"竹文化体验馆"，既向学员展示慈城竹文化，又为学员提供竹编体验。

（2）课程成效。

一是受到学员追捧。优秀的师资，接地气的课程内容，使"慈韵"国学课程受到学员的追捧，"慈韵"国学课程成为慈城老年教育当之无愧主干课程（见表1）。

表1 慈溪国学课程

课程		授课教师	课程推出时间	学员数
乐器类	古琴	李忠军	2018年8月	20
	二胡	钱明志	2014年9月	224
	琵琶	戴亚萍	2017年3月	26
	葫芦丝	王小腾	2016年9月	14
书画类	慈城民画	戴松林	2018年8月	12
	国画	俞耀明	2014年9月	128
	书法	俞耀明	2014年9月	106
舞蹈类	越剧	金秋君	2014年9月	306
	民族舞	苏维埃	2014年9月	220
体育类	太极拳	林美珍	2016年9月	242
手工类	竹编	汪平仙	2014年9月	112

二是参评获奖，提升社会形象。竹编课程2014年9月被授予"江北区社区教育特色课程"，2014年12月，被中国成人教育协会社区教育专业委员会、国家数字化学习资源中心评选为全国社区教育优秀微课程一等奖作品，2017年10月被评为宁波市社区教育品牌，2017年

12月被评为浙江省成人教育品牌，2018年7月被评为宁波市民间工艺作品大展优秀作品。

国学课程，对内加强了老年学员对学校的认同，增强了学校的凝聚力；对外犹如一张名片，成为外界了解慈城老年教育的一个窗口，大大提升了慈城老年大学的社会形象。

2."慈韵"文化团队

"慈韵"文化团队以"慈韵"国学课程为内涵，以课程班学员为主要成员，遵循"有所学与有所为"相统一原则，将课程班与团队紧密结合组建而成，是慈城老年大学学员社团的组成形式，也是学员日常活动的主要平台。

（1）团队组成。按照"有所学与有所为"相统一原则，随着"慈韵"国学课程的不断开设，相继组建了慈韵舞蹈队、慈韵越剧社、慈韵民乐队、慈韵书画社、慈韵太极拳队。见表2。

表2 团队组成

团队名称	成立时间	负责人	骨干人数
慈韵舞蹈队	2015年3月	苏维埃	24
慈韵越剧社	2015年3月	金秋君	12
慈韵书画社	2015年3月	俞耀明	10
慈韵太极拳队	2016年9月	林美珍	30
慈韵民乐队	2016年10月	钱传钰	7

（2）团队成效。

一是凝聚骨干，助推地方文化活动开展。"慈韵"文化团队自组建以来，先后参与了江北区2016年终身学习活动周启动仪式、江北区老年大学开学典礼、江北区老年大学周年庆等区级活动、中国成协"美蕴秋歌"首届全国汇演活动，并积极参与慈城镇"五水共治"等社会治理活动，参与"拾村"巡演等文化活动，是慈城镇文化活动的骨干团队。

二是评选获奖，彰显团队影响。慈韵舞蹈队被评为慈城镇2017年度特色文化团队。慈韵舞蹈队获 2017 年"美蕴秋歌"全国展演一等奖。"慈韵"文化团队在教学上实现了教学的进一步延伸,通过这个平台,既凝聚了一批骨干力量,又通过他们深入社区乡村,传承慈孝文化,弘扬社会主义核心价值观,是慈城镇老年教育的文化使者、服务品牌。

"慈韵"是学校可持续发展的软动力。学校发展,既要练内功,又要树形象。内功、形象都属于学校软件建设,是学校发展的软动力,是学校可持续发展的根本所在,老年大学,概莫能外。

1."慈韵"植根于慈城历史文化,提高了学校的美誉度,是学校发展软动力的扩张力。综合能力和文化底蕴达到什么程度,决定了社会对学校的认可度。教学品牌能有效地提升学校的美誉度,对学校形象产生不可忽视的影响,因此教学品牌也就成为学校软动力的扩张力。

"慈韵"品牌的命名、培育、实践,都是植根于慈城以"慈孝"为核心的历史文化,并通过"慈韵"品牌一系列的教学活动体现,实现了人与校的融合,增加了慈城老年大学的知名度,提高了慈城老年人对学校的认可,多次第三方测评学员对学校的满意度均达 97% 以上,表明学校美誉度大大增强。

"慈韵"的实践表明,乡镇老年大学在教学上植根于地方文化,整合地方优秀传统文化、非物质文化遗产、地方特色老年教育资源,建立支撑区域内老年教育发展的老年教学品牌,这对提高学校的美誉度,提升学校形象,从而促进学校的发展是十分有意义的。

2."慈韵"教学品牌的实施,对学员增强了凝聚力,是学校发展软动力的内驱力。优秀的师资育成优质的课程锻炼,优质的团队铸就优秀的品牌,"慈韵"品牌正是按这一理念一路发展而来,对学员产生了强大的感召力。

"慈韵"国学课程学员数(通识课竹编不计)在 2016 学年 22 门课程总学员人次占比为 43.46%,在 2017 学年 22 门课程总学员人次占比为 50.33%,二胡、民族舞、越剧等课程还出现了一席难求的现象,这在乡镇农村老年教育中是不常见的。

"慈韵"文化团队的建立与发展，凝聚了人气，课程—团队的良性互动，推动了学校教学发展，推动了慈城文化发展，体现了乡镇老年大学的精神风貌。

"慈韵"实践表明，良好的教学品牌——社会的支持——师生的认同，学校在良性循环的状态中不断优化，为学校赢得更多的发展机遇，是学校发展软动力的内驱力。

慈城老年大学通过"慈韵"教学品牌，内强凝聚形成内驱力，外树形象形成扩张力，内驱力与扩张力相结合形成软动力，从而实现学校的可持续发展。

"慈韵"表明，好的教学品牌可以为学校增强教育能量。老年教育作为面向"夕阳人"的朝阳事业，在当前老年教育资源高度趋同、正在由量的发展转变为质的竞争的情况下，正是打造老年教育学品牌的最好时机。

"莫道桑榆晚，为霞尚满天。"愿"慈韵"教学品牌更趋完善，为慈城老年教育事业提供更多的动力；愿我们乡镇老年大学发挥乡镇特色，创新品牌，为老年人打造优质的"家门口的老年大学"。

项目点简介：浙江省宁波市慈城镇成人中等文化技术学校创办于1979年7月。1991年9月命名为慈城成人中等文化技术学校；2000年1月经宁波市人民政府批准增设宁波广播电视大学江北工作站；2000年11月又创建为宁波市首批社区教育学院（后又加挂慈城镇社区教育中心）。2004年联合国教科文组织驻华代表处、中国教科文全委会秘书处、中国成人教育协会联合在中国开展设立农村社区学习中心，慈城成人学校即为首批全国20家之一。

慈城成人学校占地面积有 8 000 m²，建筑面积为 4 783 m²。目前在编在职教师9人，非编在职人员11人，服务人口10万余人。

第五章

老年教育常态：
形式多样　丰富多彩

19. 建立老年协会　开展老年活动

湖北省十堰市汉江社区 CLC 项目点

一、社区情况简介

1. 地理与人口。汉江社区地处十堰市郧阳区最南端，十堰大道和土天路穿境而过，面积为 7.29 km^2，辖 8 个居民小组，1 个安置小区，现有 574 户，2 357 人。

2. 社区居民构成。本社区属于被拆迁安置的失地农民聚集区，大部分居民失去以往的种地主业，变为失地农民，区内独居老人、高龄老人日渐增多，只能依靠基本失地养老金和子女给予部分生活费维持生活。他们大多年龄偏大，学历偏低，又无一技之长，整天打麻将、跳广场舞或闲聊。且因大多数年轻人工作压力大，无力陪伴在老人身边随时照料，老年人的居家安全、身体健康、疾病治疗、情感世界等一系列的现实问题已成为当代社会、家庭、子女、政府不能回避的问题。

3. 适时调整工作职能。自社区成立以来，在党总支梁正军书记的带领下，社区干部齐心协力，着重开展"养成性教育"，通过创建活动逐步扭转社区人文生活环境，硬是把"洗脚上楼"的农民逐步转变成了城市居民。为此我们确定了社区工作需"四转四换"的基调，即农村转变城市、村民转变市民、农民转变工人、村委会转变居委会，换环境、换习性、换行业、换职能。在此基础上开展了大量工作，取得了阶段性成效。2016 年 12 月又荣幸获得联合国教科文组织农村社区学习中心能力项目（CLC）试验点。自 2017 年以来，我社区更是成为郧阳区各项工作的示范点，接待了数十次来自各个地方领导的工作指导。当前社区居民基本实现安居乐业，各项工作走上了良性有序的发展轨道。而我们所开展的积极应对老龄化提升农村老年人生存能力的项目，也得到了实质性的推进。

二、采取的措施

（一）建立"汉江社区老年协会"

我们在广泛征求民意的基础上成立了汉江社区老年协会。一是团结和带领广大老年人，遵守国家的法律法规，学习、了解、贯彻党和政府的各项老龄工作方针、政策，为全面建设小康社会和构建和谐社会继续发挥余热；二是依法维护老年人的合法权益，协助政府为实现"老有所养、老有所医、老有所教、老有所学、老有所为、老有所乐"的工作目标，努力为老年人服务，使老年人健康长寿，欢度晚年，把老年人协会变成能丰富老年人精神文化生活的老年人之家。为此，我们开展了一系列积极应对老龄化的活动。

1. 举办系列学习讲座。组织老年人学习党的路线、方针、政策和国家的法律法规，引导老年人遵守社会公德和行为规范，为和谐社会、社区与家庭建设发挥作用。

2. 开展为老服务和老年互助活动。坚持为全体社区老年人提供家政、照料、护理、信息咨询、心理疏导等服务；提倡并组织低龄老年人对高龄、空巢、失能老年人进行对口帮扶，解决其实际困难。

3. 倡导积极健康的老龄理念。有计划地组织老年人开展有益于身心健康的文体娱乐活动，丰富老年人的精神文化生活，引导老年人选择和践行科学、文明、健康的生活方式，

4. 调动老年人参与社区建设和管理的积极性。组织老年人参与城乡社区建设，发挥他们在社区服务、关心教育下一代、调解邻里纠纷和家庭矛盾、维护社会治安、移风易俗、抵制封建迷信等方面的积极作用。

实践证明，老年协会的建立，为社区开展各项工作中发挥了很好的作用。我们的体会是：首先，它是积极应对老龄化、提升农村老年人的生存能力的有效举措，不仅符合社会主义新农村建设的本质要求，也有利于推进社区的和谐发展；其次，我社区老年人口较多，有广泛的老年群众基础，有开展这项活动的必要和需求；再次，社区老年群众对成立老年人协会意愿十分强烈，纷纷要求成立属于自己的组织；最后，协会可以以社区老人组和社区居委会为依托，借助社区老人组和居委会的号召力和影响力，充分发挥社区老年人协会的服务功能和辐射范围，进一步地完善协会的功能职责。

(二) 建设汉江社区享之乐服务站

1. 了解需求。我们通过入户调查和开茶话会、座谈会等不同形式，充分了解老年人和老年党员群体当前的各自需求。

一是老年人群体。他们经常有得到安慰、劝解、疏导和鼓励的需求，以便能及时消除精神压力；同时也希望家人能更多地关心、支持和谅解自己，愿意为保持家庭和谐氛围尽力。

二是老年党员群体。社区中有部分党员退休前是基层干部，他们的基本生活有保障，他们愿意继续发挥党员先锋模范作用，为社区发展建言献策，贡献自己的力量。他们主动提出成立党员志愿者队伍，希望能选出德能俱佳的党员带头开展互助和助人的志愿服务。同时，他们也希望社区的社工牵头，组建社区党员志愿者队伍，为有需求的老人提供服务，从而带动更多居民参与志愿服务。目前经常参加活动的党员有28人左右。

2. 建立组织。在认真分析区内老年人和老人党员双方需求的基础上，我们在社区创建一个"享之乐服务站"党员助老互助组织。

一是实行两种机制：志愿者激励机制和社团内部管理机制。

二是提供三项服务：日间照料服务，上门护理服务，党员和志愿者对老年人的服务。

三是达成四方和谐：党员与党员之间；党员与老人之间；老人与

老人之间；老人、党员和社区之间。

通过党员助老服务带动更多社会力量加入到助老爱老公益活动中来。既解决了部分党员想参与服务社区建设和管理的愿望，在增强年轻人对父母尽孝责任感的同时，也减轻了部分老年人的家庭及社区负担，从而也极大地提升了社区居民对社区的认同感和归属感。

三、项目为社区面貌带来变化

1. 人的变化。一是老年人的改变。他们得到了及时的帮扶，有助于他们愉快地安度晚年。二是志愿者的改变。退休人员中的党员同志们有机会充分发挥余热、专长，不仅技能特长能得到充分的展示，也很好地满足了他们继续服务社会的需求。三是居民的改变。居民增强了"敬老、助老"意识，提升了他们对社区的认同感和归属感。

2. 环境的变化。通过本项目的推广、宣传和实施，不但营造了"敬老、爱老、助老"的浓厚氛围，还有效地改善了区内人文关怀和生活环境。

3. 社区的变化。以党员志愿者作为切入点，经由社区社工的培训，充分发挥了他们的能力去带动更多的居民参与社区的建设和发展；成立各类社团组织，真正实现社区＋社工＋社会组织"三社联动"，共同参与社区敬老、爱老、助老的活动，区内老年人的身心健康和精神面貌都有了明显的改善。

（该项目点目前已撤销）

20. 大山里的少数民族老年教育

广西龙胜各族自治县 CLC 项目点

近日，我们广西社区文化研究中心一行来到广西西北部边远贫困山区的龙胜泗水乡里才村，这里地处湘桂接壤处，山清水秀，天蓝地绿，人们白天忙于生产，老人们就忙于带孙子孙女或做些力所能及的农活。晚上八点刚过，全村屯老人们就不约而同地齐聚社区学习中心，在简易的大棚里学习民族传统文化，有的学拉二胡，有的学吹唢呐，有的学唱彩调……好一派各族群众大舞台学习的热闹景象。泗水乡成人文化技术中心学校的黄德坤校长对我们说，现在山区农村各族群众继续学习的热情都很高，他们对民族传统文化情有独钟，譬如里才社区，这里的文化楼还没有修建好，村屯社区原先没有老年人学习的教室，他们就在十分简易的村头土坪上学习，每周2～3个晚上，风雨无阻，从不要吹哨子，基本上没有人请假。村民自豪地说："我们是白天忙物质生活的不断改善，晚上忙精神生活的充实与丰富，这才叫有生活质量、有生活品位嘛，我们山里的老年人现在也有想法喽。"常听人们说龙胜的农村社区教育搞得风生水起，真是百闻不如一见。边远贫困山区的少数民族老人们竟如此有想法、有这样的学习积极性，这说明当地的农村老年人教育和乡村振兴建设是富有成效的，难怪龙胜县连续成为联合国教科文组织的农村社区学习中心（CLC）实验项目试点。

一、龙胜县概况

龙胜县地处桂北高寒山区，全县总面积为 2 358 km²，辖 10 个乡镇119个行政村，居住着苗、瑶、侗、壮、汉等5个民族，总人口17.2万，其中少数民族人口占80%。高山半高山地形占75%以上，平均海拔800 m，"九山半水半分田"是对这里环境的概括。旅游、矿产、林业是县域的支柱产业。由于历史和地理的原因，龙胜一直是国家扶贫开发重点县。现有小学15所，教学点50个，初中学校2所，普通高中1所，职业学校1所，老年大学和县社区学校中心各1所，相互融合的乡镇老年大学分校和成人文化技术中心校（即社区教育培训中心）10所，相互融合的村屯老年人活动协会（中心）与农村成人文化技术分校（村屯社区学习中心或活动中心）86所，一般每周开展学习活动至少1次，大部分是3~4次，参加活动的老年人70%左右。龙胜县是全国唯一的民族农村社区教育实验区。

近年来，龙胜县委、政府一直坚持以科学发展观为指导，以服务民生为出发点，十分重视民族农村社区教育实验工作，把农村老年人教育放在民族社区教育工作的重要地位，以国家级民族农村社区教育实验区建设为抓手，把不断提高老年人综合素质、幸福指数，服务经济社会发展以及推动和谐社会建设作为工作目标，抓住民族农村老年人教育的特点，开拓创新，努力推进"乡村振兴"战略的实施，打好民族农村脱贫攻坚战，使各族老年人增加幸福感。全县开始形成了逐渐重视、关心支持、参与农村社区老年人教育的新局面。

二、龙胜式民族地区农村老年人教育的探索

龙胜各族自治县根据国际社会运用终身学习理念，针对发展中国家农村教育不发达、教育机构缺乏的状况，创立新型的、具有中国特色的社区终身学习机制，把民族地区农村社区教育与老年人教育融于一体。它服务于民族地区农村社区所有老年人，无论他们是男是女、是哪个民族，不论他们的原有文化程度的高低，都可以参加促进社区共同和谐发展的非正规、非正式学习活动。通过民族地区农村社区广大老年人亲身参与社区学习和活动，就近学习与活动，边学边活动，边活动边学习，在学习活动中不断丰富社区生活，让他们精神上获得愉悦感。

第五章 老年教育常态：形式多样 丰富多彩

龙胜县融老年教育于一体的"民族农村社区教育"，是不断探索进取、不断开拓创新民族地区农村继续教育与全民终身学习的新平台，也是民族农村社区教育实验取得明显进展的产物，是少数民族贫困地区构建县、乡镇、社区三级继续教育与全民终身学习网络的基础与支柱。它依附农村成人文化技术分校和社区建设，实行"政府统筹，部门参与；一套人马，多块牌子；一个阵地，多种功能；教育牵头，资源共享"的运作机制，创造性地贯彻落实了党中央、国务院关于"建设社会主义新农村"和"乡村振兴"战略决策，因地制宜地以"民族农村社区教育"为载体，很好地探索了广大民族地区农村如何解决没有"社区"的问题与困难；以"统筹"为抓手，有效实施了针对行政部门"条块分割、各行其是"管理体制弊端进行资源整合，有序推进由送教育、送文化、送政策下农村（自然村屯，下同）学习中心的服务"三农"活动，为"送学校、送阵地、送信息"的"授人以鱼，不如授人以渔"的全民终身教育服务活动，推动"五教"协调发展、部门联动服务的"统筹"工作策略，开展了"政府统筹"下的民族农村社区教育探索性实践，从而推动了全国社区教育实验区建设进程。

（一）进行了建立"政府统筹，经费保障，部门参与，教育牵头，农民受益，资源共享"的农村社区教育实验运作机制的探索。 我们根据项目工作中的老年人教育目标任务，从我县开展民族农村社区教育实验的实际出发，首先选择了一个有代表性的乡——和平乡作为进行这一探索的突破口，得到了和平乡政府的高度重视和支持。和平乡作为实验项目实施的试点乡，于2009年7月初，由乡长亲自主持，乡五大站、四大所、卫生院、成技中心校等乡直单位及各村民委主要负责人共同参加的联席会议，对项目"试点乡"工作进行动员，并落实了技术线路：先由各部门及村民委提出年度培训计划及经费预算，再交和平乡成技中心校编制成便于具体操作的年度培训工作方案，报乡政府审批，然后由乡政府以红头文件形式下发至各单位和各村委会实施。乡成技中心则要与相应部门做好具体的对接工作，保障各项培训计划的正常执行，满足当地各族群众的基本培训与学习需求。

（二）进行了建立以加强农村社区学习中心能力建设为民族地区农村社区教育、老年人教育、职成教育和扫盲继续教育的"五教"统筹与结合载体的探索。我们通过在泗水乡排坊、江底乡渡江、和平乡黄洛、龙胜镇金车、乐江乡独镜等一批自然村屯建立农村社区学习中心和开展农村社区学习中心能力建设，使农村社区内的各族老年人能够全员性地就近参加各种培训学习活动，使农村社区学习中心有能力成为大家学习、交流、议事和开展活动的好去处，农村社区老年人高兴地说："现在小孩子的学校虽然远些了，但我们的社区学习中心办到了家门口，这太好了！我们终身学习的梦有希望圆了！"在项目试点的实施过程中，我们一方面狠抓农村社区学习中心能力建设；另一方面强抓"一社区一产业"的发展，把能力建设、培训学习与发展产业紧密地结合起来，使其起到相互促进的作用，达到服务农民、致富一方的目的。通过加强农村社区学习中心能力建设，不仅把农村社区学习中心办成了农民群众自己的社区学校，而且使它散发出民族地区农村社区老年人学校办到农民家门口的浓郁芳香，做到了农村社区学习中心能力建设和"一社区一产业"发展两手抓、两不误，互促进、共发展，涌现了一大批黄洛式的农村社区学习中心能力建设与产业发展先进典型。

（三）进行了建立县级政府为主，县、乡镇两级政府共同承担的农村社区学习中心实验项目经费投入机制的探索。县、乡镇财政安排了农村社区学习中心项目专项经费，并逐年增长。县财政每年除确保48万元的项目专项经费及时到位以外，再按项目发展的实际需求足额筹措农村社区（含老年人）教育发展经费，镇级财政按每年5 000元、乡级财政按每年4 000元的标准足额到位，和平乡政府还把各部门的培训经费统筹到农村社区学习中心项目试点工作方面来，实行乡政府统筹下的农村社区（含老年人）教育经费保障机制。农村社区（含老年人）教育经费实行专账管理，专款专用，有效保障了实验项目的顺利实施，且促进了龙胜县农村社区（含老年人）教育的发展。

（四）进行了以农村社区学习中心品牌创建为平台，促进农村社区教育、老年人教育、职成教育、扫盲继续教育和基础教育阶段渗透人文教育因素的"五教"统筹发展的探索。在项目的实施过程中，"五教"有机结合是农村社区学习中心品牌创建项目工作的着力点，龙胜县把它作为面向三农、服务三农的载体来重视，从培训手段、设施、师资及管理等方面加以提升和更新，从培训的对象、内容、地点、时间、形式等方面始终围绕服务三农、提高农民综合素质这一核心来开展工作，实行品牌创建工作首先抓，"五教"统筹一起抓，"五轮"齐转。我们把在基础教育学校设立"社区教育与服务老年人咨询中心"，作为家校联系的桥头堡，作为农村社区（含老年人）教育与基础教育相结合的前哨阵地。我们还在全县初中各年级和乡镇小学高年级开设集民族传统美德文化与传承工艺启蒙、尊老爱幼、孝敬老人、热爱家乡、人生发展规划指导等乡土文化与传承技能教育"三位一体"的少数民族人文教育因素渗透实验课，创造必要的人文教育教学条件，使其具有相应的教育教学能力，从而构建农村社区（含老年人）教育与基础教育"你中有我，我中有你"的品牌创建新格局，开创了促进民族农村社区（含老年人）教育"综合"发展的新途径。

（五）进行了在民族农村偏僻、边远、分散条件下，社区学习中心如何针对当地特点，能够运用远程教育、信息技术、音像资料进农家等现代教育手段开展农村社区学习中心培训学习活动的探索。通过实施民族农村社区学习中心项目，使这些"被人遗忘的角落"里的社区学习中心能够根据群众居住分散的特点和家庭条件的不同，尝试进行组织收看卫星电视相关学习节目和民族农村社区（老年人）教育培训光碟，通过网络发送社区（老年人）教育短信息和播放县域社区（老年人）活动VCD等，进行创造条件实施新形式和新途径的培训学习活动。我们的追求是：形式可不拘，途径可不同，但必须总要有相应的条件实施社区（含老年人）学习活动，才能把社区学习中心的社区（老年人）教育服务落到实处。这种"不限人数、不限时间、不限地点"的三不限培训学习方式充分体现了民族农村社区学习中心实施的特殊性和人文性，使民族农村社区（老年人）教育三级网络有了更加广泛全员性的基础。

三、主要特色与创新

（一）与各方面建立了良好的联系和合作关系。按照传统观念，教育只是教育行政部门和教学机构的职能。但在终身学习背景下，一切社会活动都是教育和学习活动，各行各业、各部门都具有丰富的学习资源，都应该提供学习机会和教育活动。常规的乡镇村成人文化技术学校是传统教育理念的产物，以接受政府、教育部门布置的任务为己任。但在终身学习的理念下，与社会各方面合作、充分利用社会各界的人力、物力、财力资源，为社区发展服务成为必然。我县在项目实施过程中，积极主动与县、乡镇的政府各部门、非政府组织以及城市的高校、研究机构、社会部门等各方面建立起了合作联系。如和平乡的"部门统筹、资源共享、农科教文卫结合"在广西农村成职教育领域引人瞩目；江底乡的基础教育与老年人教育有机结合，县社区学校中心与县世行办、广西师大、相关企业、县直有关部门等各方面都建立了良好关系，与农科等部门建立长期合作关系，为村屯社区学习中心提供农业科技指导与咨询服务，长期与广西师大和辽宁省大连市金州新区社区教育学院等多边机构合作得到了很多支持与帮助……通过与各方面的合作，民族农村成人文化技术学校开拓了新的教育市场，获取了其他领域的学习资源和很多支持，使我县农村成人文化技术学校重新获得生机与活力，具备了可持续发展性。

我们认为，这是我县农村社区（含老年人）教育实验取得重要进展，其他地区可资借鉴的具有可操作性的重要标志之一。

（二）为农村社区所有成员服务社会激烈转型时期，农村社会尤其经历着剧烈的变革。改革开放以来，农村发生了翻天覆地的变化，外出打工、专业户、专业合作社、土地租赁、留守人口老化、空巢严重、"空心村"及外来人员等问题，使所有农村都面临新的形势与挑战，也都迫切需要不断学习和及时掌握新的生活技能。

在这样的背景下，我县农村社区学习中心项目组与时俱进，逐渐扩大社区（老年人）教育的服务对象，有针对性地组织服务于特殊人群的活动。开展了以少数民族传承文化为重点的民族农村老年人教育、妇女学习活动、退休回乡干部职工学习活动、少年儿童课外学习活动等喜闻乐见的、因地制宜的、可行与可持续发展的民族农村社区所有成员的各项学习培训活动，特别是面向老年人教育的少数民族民俗文化活动与健康教育等。

（三）拓宽服务渠道——满足社区成员的终身学习需求。长期以来，成人文化技术学校大多以开展正规培训学习为主，许多都是学历教育培训。在全民终身学习理念下，我们在项目实施过程中开展的活动不断扩展，主要有：

1. 与其他单位合作开展的非正规学习培训活动。

2. 参与建立协会、合作社、文艺表演队、体育比赛队等。

3. 组织开展观念转变、文化知识、法律法规、家庭教育、卫生保健、科学养生、信息通讯技术及其他实用技术的培训等。

4. 参与准备和举办当地民风民俗、节庆活动。

5. 开展普惠型村民活动（家庭学习点、村民大讲堂、道德大讲台、全民终身学习活动、学习型创建试点等）。

6. 参与组织开展广场舞等全员性的大众文化娱乐、体育健身、休闲养生、环保生态、信息沟通等。

（四）开辟了与国际合作交流的有效渠道。具体实施中，我们先后参加了教科文组织农村社区学习中心（CLC）在东西部地区召开的多次项目学术年会和学术研讨活动，受到了联合国教科文组织中国全委会秘书处和中国成人教育协会的表彰。

（五）创建农村自然村屯社区学习中心。少数民族山区地广人稀，交通不便，居住偏僻且分散，集中乡镇学习完全不现实，按行政村来集中学习也是想当然，因此，我们因地制宜地、创造性地实施了以自然村屯为基点的农村社区（老年人）教育实验项目的特殊举措，便于民族农村老年人等广大群众全员性参加社区各项学习活动，让民族农村广大群众全员性参加各项学习活动成为可能，为在龙胜这个大山里实现了人类历史上"有教无类"的奇迹创造了最重要的条件。

四、在当地的社会影响

我县的民族农村社区教育实验项目经历了初级阶段的磨炼，从开始的一个乡镇发展到了县域全部10个乡镇，从开始的两个行政村发展到了109个村屯，个别村屯虽然还没有建立融老年人教育于一体的农村社区学习中心（老年人协会）机构，但已开展了社区老年人学习活动。终身学习理念已经逐步深入广大农村地区和自然村屯的各族村民心中，使他们对人人学习的理解不断加深。我们的项目实施伴随着项目的发展更加富有生命力，我们已多次登上国家级讲台介绍项目实施经验和发表意见。现在，我们的民族农村社区（老年人）教育实验项目已经逐渐成长为与国际社区教育初步接轨的新型学习共同体，使我县民族农村成人文化技术学校重新获得生机与活力，并具备了可持续发展性。

少数民族贫困地区农村老年人教育实验项目的实施，拉开了龙胜各族自治县民族农村全民终身学习的序幕，成为全国首个开展"全民终身学习活动周"的少数民族社区贫困县；从开始的初步探索和零敲碎打，成了国家级社区教育实验区，成了少数民族山区教育走出大山、走向全国的重要突破口，为服务龙胜构建和谐社会和实施"乡村振兴"战略作出了创造性的贡献。

我们深深感到：少数民族贫困地区农村老年人教育实验项目的实施是一种荣耀，更是一种崇高的责任。

终身教育东风吹，城乡处处战鼓擂；

龙脊扬帆击沧海，社区教育热浪飞。

项目点简介：广西龙胜各族自治县社区学校中心是最早承担农村社区中心（CLC）项目的实验点之一。学校成立于2008年5月，创建了以县社区学校中心为龙头、乡镇社区教育培训中心为骨干、村屯社区学习中心为基础的民族农村三级社区教育工作网络。现有专兼职教师与管理人员16人。曾荣获联合国教科文组织"国际阅读协会扫盲大奖"。

21. 多样化的老年学习

江苏省苏州市昆山市周市镇 CLC 项目点

一、案例背景

积极老龄化是人类社会为应对人口老龄化，以老年人人权为核心，旨在使老年健康、参与和保障的机会尽可能发挥最大效益的观念体系、政策框架和行动指南。当前我国社会"老龄化"问题是一个"既喜又忧"的矛盾性问题，昆山作为全国经济发达地区的标杆，老龄化问题也是比较突出的一个问题。

昆山是长三角经济带比较有活力的城市，周市镇是昆山市规划的城市北部片区中心，全镇区域面积 81.56 km^2，目前辖区有 1 个街道办事处、14 个村、6 个社区，户籍人口 5.5 万人，据 2010 年第六次全国人口普查数据显示全镇 60 岁以上老年人占 15.8%，到 2015 年已达 20%。两年多来作为苏州 CLC 联盟一员的我们努力探索农村老年教育的发展途径，摸索寻找积极老龄化对策，尽快提高现有社会公共服务能力，以适应人口迅速老化的农村社会结构，让每一位农村老人能够安享一个健康安全而有尊严的晚年。

二、案例实施

（一）最大限度延伸老年教育触角，方便农村居民走近老年大学。构建市开放大学和市老年大学、镇级社区教育中心和镇老年大学、村（社区）市民学校和老年教育示范点、邻里学习户 4 级教育网络，重点向农村基层偏远村居延伸。周市镇老年大学位于周市镇社区教育中心，镇老年大学位于老周市镇东,与合并过来的周边乡镇有 4~5 km 的距离,为了方便中老年居民参与就读老年大学的需求,2 年多来,我们走街串村布点扩面利用村、社区的区市民学校、为民服务中心、日间照料中心、社会化组织等资源建立老年教育示范点,镇老年大学主要承担资源整合、师资调节、指导服务的工作社。目前在周市镇的东西南北 4 个方位各建立一个老年教育示范点。为了进一步解决老年教育触角"最后一公里"问题,2018 年下半年我们召集积极参加示范点活动有一定影响力组织力的但家又住在离教学点较偏远农村的老年大学学员开会,商议建立了以这类人群为中心的邻里学习点,通过他们的宣传影响带动,让更多的务农闲暇之余的老年朋友也能够走近或参与老年大学举办的各类培训和活动。根据实际需要,我们合理布局,广泛布点,到 2018 年底全镇在 15 个村、6 个社区全覆盖建立教学点、学习点,使绝大多数老年人在家门口就近入学。

(二) 营造"爱老惠老"志愿服务风气,建设一支"全民参与"的老年教育师资队伍。 整合政府、社会资源,重点发挥志愿者队伍的优势,化解农村老年教育师资管理人员短缺的困难。一是利用周市镇党校的五进宣讲团,组织、发挥党员团员的先锋模范作用,志愿承担起社会主义核心价值观、十九大精神等宣传教育工作。让这些有一定宣讲专长的志愿者走进老年教育课堂。二是积极寻求辖区学校、企业、医院等支持。譬如,与中小学合作招募退休老教师或者青年教师志愿者组成师资团队,利用闲暇或课余时间在村、社区老年教育教学点学习点授课;与辖区昆山市康复医院联手,定期走进各教学点举办健康知识讲座、护理保健公开课、膏方节义诊服务等;与银行联合建立金融知识志愿者团队,义务为老年人讲授预防金融诈骗和理财等相关通识课程;并在各教学点挂牌成立老年志愿服务实践基地,吸引更多的人参与志愿服务。三是动员街道、社区热心人士参与老年教育志愿服务。如永平花园"左邻右舍"志愿服务队,是由永平花园住户居民自发组织的志愿者便民服务队伍,平均年龄 48.5 岁,有退休教师、退休工人、理发师、裁缝、鞋匠、磨刀工、厨师、配锁师、司机、辅警等，为小区居民特别是高龄孤寡老人提供各式服务，创办人是原平庄村妇女主任裕琴；还有文峰美发好青年小张、小李，昆山市康复医院优秀志愿者朱斌等等。目前，我镇的社区（村）级教学点、学习点的老年教育接地气聚人气，深受师生和群众的赞誉。学员们结伴相约，师生们教学相长，大家在"朋友圈"晒出各自的美好生活的故事。这些服务和活动的开展不仅解决了老年人的实际困难，丰富了老年人的精神生活，更重要的是使邻里关系和谐，有利于社区治理，创建和谐家园。

（三）创新老年教学思路，探索灵活开放的课堂模式。老年大学的教学不流于课堂，而是在社区在农村在田间在游学路上。

一是打造"随身课堂"。首先，组织多场智能手机、电脑操作培训老年人专场，青年志愿者手把手教辗转于村、社区教学点；其次，通过"学在周市""周市发布""幸福美丽周市""周市社区老年大学"等微信及时推送时事新闻、文明礼仪、法律知识、健康知识、廉政速递、党建学习等内容，除了让广大市民利用碎片时间积极参加线上学习，互动分享，还让老年朋友分享学习的心得，分享快乐。

二是打造"流动课堂"。针对社区中老年居民的需要，采取送教上门的形式，把课堂搬到基层村社区、市民学校，开展十九大精神宣讲、健康咨询、义诊、便民志愿服务、义务宣传队、红色电影展播周、评弹书场、广场舞教学成果展示等大家喜闻乐见的教育活动。

三是打造"游学课堂"。充分利用辖区内公共资源"周市社区善孝园、市北廉政文化法治公园、野马渡文化中心、体育生态公园、振东侨乡文化"等镇内社区教育参观点，组织社区居民进行游学参观，进行思想道德、传统文化、文明素养、普法环保知识等方面的教育，还组织学员们就近互动游学。

三、案例成效

（一）老年教育课程多样化、个性化。目前，镇老年大学和各村（社区）老年教育教学点开设的课程形式多样、寓教于乐、应用性强，有闲适性和微型化,更有注重个性化学习需求的教学内容。农村老年教育课程内容的优化,增强了农村老年教育的吸引力;激发老年朋友的学习兴趣;还促进老年朋友积极参加社会服务活动,促进他们身心健康发展。

(二)**老年教育师资队伍得到了优化**。原来学习团队都是自学自编自演,由团队的骨干担任指导,他们只是手把手的演示,传授经验和技巧不足。现在聘请了素质高、专业性、乐奉献的退休教师和文艺骨干来指导,以大众喜闻乐见的形式传递教学内容,他们偏重实际操作性,满足了社区居民朋友的求职需求和表演展示需求,得到了学员的一致认可和赞扬。

(三)**老年大学及其教学点成为社区教育发展的重要平台**。通过开展老年社团和团队活动,对辖区内公共资源、设施、志愿者等资源的进一步整合,提升了团队学习的凝聚力和号召力,促使更多的居民投入学习和社区活动中,使老年教育发展和社区教育形成合力,推动社区文化建设的发展。

(四)**老年教育普惠性增强,壮大了农村老年教育的实力**。农村老年大学教学点的开设满足了农村老人就近、方便和多样化的学习需求,成为社区教育面向农村老人、服务农村老人的最基层组织和最可靠载体,给了农村老人参与社区教育活动一个有效的平台,有利于实现"时时能学,处处可学,人人皆学"的终身教育理念。

四、案例反思

(一)**村(社区)居民对老年大学教学点活动的参与度还不够**。虽然参加活动的人次较多,但人数不到老年居民总数的五分之一。因此要加大宣传和实施力度,开展有质量有影响受欢迎的活动,提升活动的吸引力,让更多的居民变成"社团人"。

(二)**为社区工作者提供更多学习培训的机会**。社区教育中心的教师和村(社区)工作者、社区活动志愿者虽然有为社区居民、老年朋友服务的热情,但专业水平有待提高,所以希望有较多的机会参观学习、理论培训、经验交流，让他们能够提高管理水平和专业水平，与时俱进。

(三)多数老年朋友参与活动还停留在以获得技能为目标，会吹笛子、会写书法等，没有从学习过程中提升到健康积极养老价值观。所以要在实现老年人的自我完善方面做更多的努力。

(四)提升老年教育自身"造血"功能，保持良性运作。让老年朋友用自身所学通过各种公益行动回报社会，感恩社会给予的扶持和帮助，让老年教育有长足发展的动力，得到可持续发展。

项目点简介：江苏省昆山市周市镇社区教育中心2001年依托镇成人教育中心校而建立，占地面积20 000 m²，建筑面积4 000多 m²。标准教室12个，100座（大教室）和40座的会议室各1个，标准球场2个，四连片门球馆1个；还有电教室、电脑室、图书阅览室，信息化现代教育手段基本完善。服务全镇约10万人口，含外来人口6万余。学校现有专职教师8人，其中6人本科，2人大专；全镇社区教育兼职教师49人，其中本科以上学历33人，有教师资格证的20人，有中高级以上职称的19人。2016年成为中国成人教育协会承担的联合国教科文组织农村社区学习中心（CLC）项目实验点。

第六章

老年教育营造：
积极宣导　终身学习

22. 多种途径营造老年学习氛围

河北省石家庄市铜冶镇 CLC 项目点

根据 2010 年全国第 6 次人口普查数据，我国约有 1.8 亿 60 岁以上老年人口，相当于每 15 人中就有两位老年人。我国逐渐步入老龄化社会，给个人和社会都带来了新的需求和挑战。人都不可避免会老，如何健康地变老，逐渐成为社会关心的问题。尤其是在农村，如何提高老年人家庭生活水平和社会适应能力，使老年人具备更多的生存能力，应当成为全社会关注的重点之一。农村社区活动中心作为农村居民终身学习的基地和场所，在提高农村老年人生存技能和身心健康方面具有不可或缺的作用。近年来，铜冶镇成人学校在提升老年人生存能力方面做了一些探索与实践，取得了显著成效。

一、进行尊老爱老宣传，营造积极和谐社会氛围

尊老敬老一直是中华民族的传统美德，多少敬老爱老的故事被传为千古美谈。我国已开始迈入老年型社会，老龄化的速度还在加快，全社会都要关注规模巨大的老龄人口，丰富老年人精神文化生活，保护老年人合法权益，提高老年人生活质量。铜冶镇成人学校开展一系列敬老爱老活动，促进形成敬老爱老的社会风气。

1. 到集市、村镇等地散发敬老爱老倡议书，倡议大家树立敬老爱老之心。结合改革开放 40 周年和人口老龄化国情，印发关于敬老爱老资料，组织辖区志愿者到集市、村镇集体场所散发传单，倡导全社会应充分尊重老一代人为社会发展进步作出的贡献，常怀感恩之心，以

真情敬老，以真心爱老，以行动助老。

2. 聘请家庭教育专家郭建琴到辖区学校进行敬老爱老感恩教育讲座，倡导中小学生为老年人多做些力所能及的事。尊老爱幼的优良传统，不能只停留在思想和口头上，而要付诸实际行动，从自己做起，从小事做起。利用各村成人学校教学点，倡议学生为身边的老人做些力所能及的服务，为他们做一顿饭菜，整理一次房间，梳一次头，以表达我们的祝福和敬意。

3. 利用微信功能传爱老之心。通过各村广播站和微信公众号大力广播和宣传敬老爱老的光荣传统，在全社会营造重视和关心老年人生活的浓厚氛围。尤其是九九重阳敬老日，告诉你身边所有的青年朋友这个值得感恩的节日，让大家一起把温暖送到每一位老人的身边；话深情祝福，拿起电话，给家中的老人及身边的长者送去节日的问候，在这个特殊的日子里给老人们送去秋日的温暖，祝福他们身体健康。

4. 组织老干部、老教师、老模范、老战士、老专家等，充分利用他们见识多、阅历广、党性强、威望高、实践经验丰富的特点，让他们发挥夕阳余热，利用节假日让他们对广大青少年进行形势政策教育、党史国史教育、公民意识教育，使青少年切实感受到广大老年人对社会、对家庭、对当地经济建设所做的贡献和老有所为的精神风貌，营造宣扬敬老爱老的传统美德的氛围，提高全社会对老年人重要地位的认识。

5. 开展老年人经验传承活动，以"重阳节"为契机，组织年轻人学习老有所为优秀事迹，传承离退休老干部、老同志的优良品德和优秀传统。

6. 积极组织党员干部并广泛动员社会志愿者深入老年人家庭、乡镇敬老院开展送温暖、送健康、送文化等走访慰问活动。一方面鼓励服务者开展岗位敬老活动，围绕为老服务职能和岗位职责，推行文明服务、诚信服务、优质服务，提升为老服务效果；另一方面为贫困、高龄、失能、留守、空巢、失独老人献爱心、解难事、办实事，以营造敬老爱老气氛。

7. 走访选拔辖区敬老爱老孝老模范"2009年感动省城十大人物李文娟三妯娌"等到各村进行先进事迹报告宣讲，传递社会正能量，带动更多的家庭敬老爱老孝老，使敬老爱老孝老形成常规行为，使之形成一种家庭氛围和社会风气。

二、组织各类知识讲座，普及生活常识

关爱老年人，使他们能够老有所养，老有所依，老有所乐，晚年生活幸福安康。铜冶镇成人学校先后组织了老年人回春保健操培训活动、"老年人养生保健讲座"活动，邀请专家结合老年人饮食、运动、防病以及日常生活注意事项等健康保健知识做了系统生动的讲解，邀请铜冶公安分局干警对辖区老年人进行防诈骗知识讲座。

三、享受科技，方便生活

时代在发展，社会在进步，老年人也应该追求时尚，体验科技发展给自己带来的快乐。为此，我们举办了"让老年人玩转微信和简单的电脑使用方法"讲座活动，邀请消防干警对辖区老年朋友讲解家用电器和天然气的便捷使用和安全知识。

四、舞动老年人精神文化生活

为弘扬社会主义核心价值观，推动文化惠民工程，丰富老年人文化生活。我们特地举办了"送欢乐 下基层"文化惠民演出活动，与"洨河·百花"文艺队合办了"喜庆新春 欢乐元宵"文艺慰问演出，进行了以"书写鹿泉美 彰显夕阳红"为主题的老年人毛笔字书法比赛和社区老年人象棋比赛等。

五、开展益智类游戏活动，提升老年人身体灵活能力

以锻炼老年人的灵活能力、增强身体素质，丰富他们的体育文化生活为宗旨，我们举办了一系列益智活动，如老年人智力游戏——击鼓传花、投掷羽毛球活动、趣味体育运动会、夹乒乓球趣味活动等。

六、积极参与社会活动，为社区发展做贡献

组织社区退休老党员开展献爱心活动，邀请专家对全体人员进行

了一次"学习十九大，建设幸福铜冶镇"为主题的培训学习活动。

我们要保障老年人的权益，提高他们的身体、心理和社会健康水平，让老年人活出自己的尊严，实现生命的价值和意义。让他们积极老龄化，老有所学，老有所好。把自己的专长发挥得淋漓尽致，在快乐中继续为社会财富的积累和社会进步发展作出自己的贡献。

项目点简介：河北省石家庄市鹿泉区铜冶镇成人学校始建于1991年。铜冶镇辖区面积72.2 km^2，全镇有25个行政村，人口6.2万。学校占地面积2 158 km^2，建筑面积967 m^2。村办成人学校15所，兼职教师15人。130座多媒体教室、图书资料室、电子阅览室、活动室、培训室、档案资料室等全部配套，硬件设施基本完善。2014年9月，铜冶镇成人学校被联合国教科文组织确立为农村社区学习中心（CLC）能力建设项目实验点。

23. 营造氛围　温暖老人心

浙江省杭州市塘栖镇 CLC 项目点

党的十八大提出"加强社会建设，使学有所教，老有所养"，"完善终身教育体系，建设学习型社会"。《国家中长期教育改革和发展规划纲要》（2010—2020）也明确提出了要"重视老年教育"，把老年教育纳入到国家大教育的序列，是国家构建终身教育体系，建设学习型社会的重要组成部分。《中国老龄事业发展十二五规划》也明确提出要"加强老年教育工作，创新老年教育体制机制，探索老年教育新模式，丰富教学内容"。这是新形势下实现健康老龄化、提高全民族素质、促进经济发展、确保社会安定、推动精神文明建设的需要。老年电视大学塘栖分校深入贯彻落实科学发展观，紧紧围绕"六个老有"目标，以"教育惠民、教育养老、关爱老人、构建和谐"为主题，以弘扬尊老敬老传统美德、落实各项惠老优待政策，创新为老服务和教育方式方法，提高为老服务的教学质量，推动社会主义精神文明建设为主要内容，通过明确创建目标，拓展教育服务内容，制定服务标准，完善服务制度等方式，建立"敬老文明号"创建机制，力争成为全区教育为老服务示范单位，使尊老敬老、为老服务思想渗透到社区、家庭和社会各行各业，鼓励社会自发的尊老敬老爱老助老行为，更好地保障老年人权益，进一步提高老年人生活质量。

为了更好地为老年人服务，充分利用塘栖成校的办学优势，2011年，经塘栖镇镇政府同意，塘栖成校开办余杭区老年电视大学塘栖分校，学校形成了多层次、多形式、多渠道、多元化办学模式，并在教学中不断探索老年电大的教学运行机制。充分发挥塘栖成校的师资力量、活动场所和完善的教学设施，更好地为老年人服务。

一、领导重视，组织结构有保障

自区政府下发《余杭区"敬老文明号"创建活动实施方案》，我校及时组织学习并成立了"敬老文明号"创建领导小组，由学校校长担任组长，各处室有关负责人为小组成员，在学校办公室设立了创建活动办公室，在领导小组内认定熟悉创建工作的内审员，外聘特约监察员，研究并制定了《老年电视大学塘栖分校"敬老文明号"创建实施方案》（以下简称《方案》）。《方案》要求做到：有责任领导、有创建目标、有创建原则、有创建内容、有创建实施步骤和具体措施，保障了《方案》的可操作性和实效性。在实施《方案》制定出台后，学校各处室根据实施方案，定期研究创建工作，探索创建内容，落实创建措施。

二、广泛宣传，营造氛围暖人心

在创建过程中，积极利用三个阵地宣传"敬老文明号"活动。一是宣传栏阵地。在学校校门口的LDE电子屏，滚动播放有关"敬老文明号"活动的有关信息，制作宣传展板在学校对外宣传栏中展出。二是校园网阵地，把有关创建活动的承诺书、实施方案等上挂到校园网上。三是宣传标语阵地，如"关心帮助老年人是全社会共同的责任""敬老从心开始，助老从我做起""尊老为德、敬老为善、助老为乐、爱老为美""用我们爱心托起老年人幸福的晚年""老有所养、老有所医、老有所教、老有所学、老有所为、老有所乐""树敬老之风，促社会文明"等内容。主题突出、氛围浓烈，通过这些人文环境，烘托出敬老孝老主题，让全体教职工心中时刻装着老人，时刻想着老人。同时，通过三个宣传阵地，不仅仅是让广大教职工知晓创建活动的具体内容，而且也是让广大教职工相互监督和推动学校创建工作的开展，并且对教师的师德教育也有促进作用，使教师明白对老年人的关爱不仅仅是对一般居民的要求，而且还要体现教师这个职业上，比一般居民有更高的要求，树立"一切为了老人，为了老人的一切"核心价值观，在思想上尊重老人、在感情上贴近老人、在行动呵护老人、在生活上关心老人、在教育上帮助老人。这在每年的教师培训上，都能体现出来，使广大教师都能根据自己的教学工作，写出很好的心得，对优待、优先、优惠老年人提出很好的意见。

三、制度健全，管理规范有法依

（一）**落实领导责任**。"敬老文明号"创建活动领导小组全面负责创建活动。要对开展创建活动进行认真准备、周密安排、精心部署，抓好落实。制订创建计划、创建标准和具体创建实实施方案。建立联席会议制度，做好创建活动的组织、指导和协调工作，听取创建专题汇报，及时研究、解决创建工作中的实际问题，定期对创建活动的进展情况进行检查和督促，确保创建活动在各部门稳步推进。

（二）**加强指导督查**。按照教育的特点和工作职责，提出创建活动的具体标准和要求，进行指导，精心设计活动载体，创新活动形式，增强创建活动的针对性和实效性，确保活动效果。如在设立的老年专用教室中，前面挂上敬老内容的标语，后面挂上教育教学各种管理制度。开展好"三个课堂"建设，即以基础课为主的第一课堂活动，注重提高课堂教育质量；以学会活动为主的第二课堂活动，注重转化为社会效益；以社会实践为主的第三课堂活动，注重提高学员的社会文化实践能力。

（三）**坚持统筹兼顾**。统筹协调各社区活动安排，重点做好"五个结合"。把开展"敬老文明号"创建活动与做好本职工作相结合，把开展"敬老文明号"创建活动与学校、社区共建相结合，把开展"敬老文明号"创建活动与开展尊老敬老教育、强化尊老敬老意识相结合，把开展"敬老文明号"创建活动与开展敬老助老优质文明服务相结合，把开展"敬老文明号"创建活动与庆祝重阳节、老年艺术节活动相结合。

（四）建立长效机制。要把"敬老文明号"创建活动当作一项常态工作来抓，列入年度工作计划和安排，制定完善考评措施，要认真总结交流经验，研究解决问题，强化督促检查，确保创建活动坚持不懈、常抓常新。在健全各项管理制度的前提下，明确教职工的服务标准和要求，尤其是教师职业道德，严格执行教师师德公约——《提升教师形象"八坚持八反对"》，通过各种培训，提高教师为老服务意识，为老服务质量，开展读书活动，书写读书心得，提高自身素质。

（五）建立时效监督机制，实行不定期检查日常工作。在学校公开栏，设置"敬老文明号公示栏"，公布创建活动领导小组组成人员名单和"敬老文明号"承诺书，实行问责制，做到职责明确，人人知晓，人人监督，并公开投诉监督电话，接受社会监督，发放满意度调查表，了解为老服务意见，提出改进措施。

四、典型示范，求真务实有成效

在创建"敬老文明号"的过程中，我校把学校的教育培训优势与老年人的特点相结合，紧紧抓住为老服务这个主题，把深化"为老"理念贯穿于创建活动的始终，把"为老"要求落实到创建活动的各个环节。我校设计了5个典型活动：一是由我校提出联合几个部门，开展的塘栖社区健身排舞大赛。目的是培养老年人"每天锻炼一小时，快乐生活一辈子"的生活习惯和人生态度，倡导"我健康，我快乐"的理念；同时，以人为本，推动全民健身，落实《全民健身条例》，有12个代表队报名参赛，年龄最大75岁，比赛取得了很好效果，有1000多人观看，多家媒体进行了报道，并得到广大群众和镇政府的好评。二是学校、社区共建活动举办插花艺术培训及展示活动。目的是使老年人认识到家居插花艺术就是寻找和发现生活中的美，不需要追求完美，可以随意些，去花市选几枝花、几片叶和插花的器具，根据器具的高低来选择花的长短，只要看上去和谐，自己喜欢就行。三是为了进一步提高老年电大办学水平，做到规范办学，严格管理，探索老年电大的教育运行机制,开展创建杭州市老年电大示范教学点活动。目的是努力使老年电大成为老年人思想教育的阵地、更新知识的殿堂、健身强体的场所、安度晚年和终身学习的乐园。四是开展了"十万市民学礼仪"三年行动培训计划活动。目的是发挥广大老年人学礼仪的积极性,通过"六进"形式,以点带面,全面推进,全员参与,引导全体市民学礼仪、讲礼仪、行礼仪,大力倡导文明礼仪社会风尚。五是走进社区,搭建平台,为老年人展示教育培训成果,开展中式面点师培训展示活动。目的是通过老年电大这个平台,到社区广场展示老年人培训后的成果,并接受居民的评判,同时让广大群众看到老年人丰富多彩的业余生活。

五、迎接考察,服务质量上新阶

"敬老文明号"在创建过程中,得到了上级部门的大力支持,尤其是通过兄弟单位参观学习、考察,学习了很好的经验,对我校的创建工作起到了很好的推动作用,让我们有信心开展好创建工作,针对教育,在"惠老"上有所创新,充分发挥学校教育培训的优势,把老年教育与娱乐活动相结合,把老年教育与大型传统假日相结合,把老年教育与树立终身学习理念相结合,把老年教育与开展慰问老年人、温暖老年人活动相结合,把老年教育与展示活动相结合,搞活第一课堂,丰富第二课堂,扩展第三课堂,使老年电视大学成为老年人思想教育的阵地、更新知识的殿堂、健身强体的场所、安度晚年和终身学习的乐园。

六、收获与体会

(一)**收获**。行之有效的创建机制,扎扎实实的工作方法,塘栖成校先后成功创建了余杭区"敬老文明号"和杭州市老年电大示范教学点及全国首批城乡老年教育特色学校,涌现了一批省、市、区级百姓学习之星,如丰国需同志获浙江省"百姓学习之星"荣誉称号。形成了一批全国、省、市级终身学习活动品牌,如"塘栖故事沙龙"获全国终身学习活动品牌项目。

(二) 体会

1. 充分发挥乡镇成校的办学优势，并创办老年电视大学是对老年教育行之有效的补充，为创建活动打下坚实的基础。

2. 要树立教育养老理念，即把教育当作养老的方式、生活的方式和生命的方式。

3. 老年电视大学在服务上要做好三个结合：一是服务理念上"近期"与"长远"相结合，二是服务内容上"指导"与"示范"相结合，三是服务层次上"全面"与"特色"相结合。

4. 老年电视大学要开展多层次、多形式办学，充分整合各种教育资源和各种社会力量，构建政府主导、部门联动、依托成校、社区参与的老年教育运行机制。

5. 老年电视大学要开展学习圈活动，充分调动老年学员的积极性，充分利用其资源，使老年人既是学员，又是教员。

6. 老年电视大学要搞活第一课堂，丰富第二课堂，扩展第三课堂，使老年大学成为老年人思想教育的阵地、更新知识的殿堂、健身强体的场所、安度晚年和终身学习的乐园。

项目点简介：浙江省杭州市余杭区塘栖镇，镇域面积 79 km^2，辖 27 个行政村、8 个社区，户籍人口 9.632 万，外来人口 2.303 万。1989 年 7 月，杭州市余杭区塘栖镇成人文化技术学校经余杭县人民政府批准建立，现有教职员工 42 人。2014 年，学校被确立为联合国教科文 CLC 项目实验点。

附录

部分国家的老年教育政策与实践

24. 部分国家的老年教育政策

(一) 巴西

老年公民法（法律 10741/03）第五章第 20~25 款提到老年教育。

第 20 款：老年公民有获得与他们年龄相符合的教育、文化、运动、休闲活动、产品和服务的权利。

第 21 款：公共当局将为老年公民提供有益于他们的教育项目，提供机会、针对性的内容、方法和教材。

● 为老年公民设计的课程包括交流、信息技术以及其他技术，以促进他们融入现代生活。

● 老年公民应参与公民活动和文化活动，以便与年轻一代分享知识与经验，从而保留文化记忆与文化特征。

第 22 款：各层次正规教育的基本教学内容包括与老龄化相关的主题、尊敬和稳定老年人的生活、消除对老年人的歧视以及提升相关的意识。

第 23 款：为老年公民提供至少五折的门票，以使他们参与文化休闲活动，如艺术、体育和休闲，以及他们喜爱的当地活动。

第 24 款：大众传媒应该有专门的时间段为老年公民服务，提供教育、信息、艺术和文化的服务，也应为公众提供以老龄化为主题的内容。

第 25 款：公共当局应支持创建第三龄开放大学，鼓励出版相关图书和杂志，其内容和标准应适合老年人，考虑他们的视力，便于他们阅读。

(二) 马来西亚

老年教育面临的挑战主要是从传统的福利观转变到老龄社会和老龄问题。

1995年颁布的《全国老年人政策》指出：提高老年人的潜能，继续发挥他们在国家发展中的积极和创造性作用。

马来西亚政府于2005年提出：社区参与和终身学习项目就是要提高老年人的能力。第九个五年规划（2006—2010）又提出了：要采取发展措施确保积极的和有创意的老龄化，继续为家庭、社会和国家发挥作用，这与1995年的《全国老年人政策》是一致的。

2011年《终身学习蓝皮书》中指出：社区学院提供针对当地社区需求的项目，支持社会中最贫困的人口、生活水平低下的、残疾的和老年人提高他们的交流和计算机技能。

近年来的政策主要有三个：全国高等教育战略规划（2007—2020）；建立终身学习的文化（2011—2020）；全国老年人政策（2011—2020）。

前两个政策，按照教育部的看法，任务是开发人力资源，以满足国家建设对人力资源的需要。第二个政策中并没有提及老年人。第三个政策谈到，终身学习将武装和增加老年人的知识、技能和经验，使他们在社区中生活得更积极更有创意。不仅仅是"积极老龄化"，而且是把"做"与"学"连接起来，通过第三龄教育和学习扩大老年生活的机会和可能性。这也告诉我们，预防措施和应对变化往往比基于福利的解决办法更好，我们强调人力资本开发为我们的老年做准备。

(三) 韩国

●老年人就业促进法（1991年）。强调保护老年人就业，提升国家经济发展，促进老年人在适合自己能力的岗位上就业。①主要指55岁以上的人。根据需要，4%在制造业，42%在房地产业，17%在业务支持服务业，7%在其他行业。②雇主应雇佣55~64岁的老年人作为参保职工。

这一法律阐明，政府有责任采取综合有效的措施，促进老年人就业和保障他们的稳定就业。①希望政府能够采集和提供就业信息，开发和培训老年人，对企业提供导引和督查，以改善和提高老年人的就业状况。②希望企业提高老年员工的能力，改善工作环境和设施，为他们提供适宜的工作机会，将官方规定的退休年龄确定为 60 岁以上。

●老年人福利法（1997 年）。最基本的概念是，确保老年人在社会中得到尊重，确保他们的健康和安全的生活，使他们参与经济和社会活动。具体包括：通过庆祝每年的老人节转变社会对老年人的看法，将每年 10 月定为敬老月。要求地方政府扩大老年人参与社区服务的机会，为有劳动能力的老人提供就业机会，为低收入老人提供免费体检和健康教育，以改善他们的健康状况。最后就是，研究预防老年痴呆。

●终身学习法（1999）。它是社会教育促进法的一个部分。

（四）日本

日本于 1963 年制定了《老年人福利法》。其目的是，保障老年人的健康生活，强调老年人的知识和经验应受到尊重。1995 年开始实施《老龄社会对策基本法》，内容包括老龄社会基本概念、国家和地方政府的责任，后来又加入了终身学习和社会参与的内容。2001 年又通过了《老龄社会一般政治准则》。

1990 年实施"老年人卫生和福利促进计划"。建立了国家长寿发展中心和终身学习促进中心。这两个机构负责管理县级大型的老年学院。2000 年前后，福利卫生省宣告"建设参与式的老龄社会"，将终身学习和社会参与纳入"老年人照料计划"中。从 2012 年开始，将终身学习作为老年人的社会福利活动。

25. 俄罗斯的老年教育

直到 20 世纪末的最后几年,俄罗斯的教育工作者才有机会接触到欧盟老年学习的经验,并开启了双方在有效开展老年学习以及老年人的学习潜能方面广泛的对话。

(一)发展历程

俄罗斯老年教育的一个重要推动力和步骤是欧盟支持的《俄罗斯民主发展社会和政治过程中老年人的赋权性参与》(2002—2004)。项目的目的是更新和利用老年人的生活经验和活动,促进依靠自己、发挥主观能动性和提高老年人的责任感,探索与老年人生存相关的生存条件改善、代际沟通等问题。项目中有效的培训包括:成为一个积极的有创造性的有责任感的学习者,使老年人的生活确实发生积极变化并获得良好结果。这一项目在实践中面临的两个巨大挑战是:一是缺乏能够组织和开展老年活动和培训的专业人员;二是在社会发展过程中,对老年人角色和地位的刻板印象(即不平等对待和歧视——译者)。

此后 10 年,进入了一个培训专业人员的阶段,俄罗斯举办了各种研讨会和大会,积极讨论了社会中老年教育的作用。2005 年举办了"老年人与教育"的论坛,首次提出并开展了"老年教学概念"的讨论。讨论了俄罗斯老龄化时代的教育现象、目的、目标及其实施机制。这一阶段老年教育的特征是:

政府项目、地方当局和相关的组织机构、教育机构、非营利组织负责开展老年人的计算机素养培训。

在国际组织的支持下，开展了多种形式的针对老年人的传记教育并且有年轻一代人的参与。

使老年人接受新型远程学习和信息支持。

互联网及其所有应用成为老年生活和福利的一部分。

作为学习的一个结果，各种形式的自助自立运动、老年志愿者、学习圈等都活跃地发展起来。

公共就业服务中，把老年人的再培训和技能发展项目开展起来。

（二）当前老年学习的形式

当前参与到老年学习的机构多种多样。主要有：

科学研究机构：侧重研究老年健康教育、老年社会教育、老年学教育、老年教育发展史等。

成人教育机构：开展各种非正规教育。

公立机构：图书馆、社会中心、博物馆、文化中心等。

成人/老年教育中心：大学、学院、健康教育中心等。

可以说，在过去10年中，老年教育的理论有了突破；开展了基础研究，确定了科学术语，老年学习者的地位确定了；在出版物中，老年人口的分类和一般需求呈现出来，根据调查对象得到分类；确定了学习的目的与机制。

（三）主要概念和理论观点

俄罗斯的老年教育主要基于国际经验和关键性的国际法案和途径，如《马德里老龄问题国际行动计划》和《成人教育备忘录》等。作为人的基本权利的终身学习是开展老年教育的基本原则，将老年人置于学习过程的中心。实际上遵循的是以下原则：针对老年人的需求和资源；环境和过程的安全性和慰藉性；老年学习中对话是核心工具；培训活动主要是做中学及随后的反馈；尊重老年学习者；对学习者的观念、情感产生影响，关注他们的经验，使他们有能力享受培训过程；通过活动和开放性使学习者真正参与学习过程；学习成果及评估是基于自我评估，侧重转变对老年人和他们的群体的刻板印象（歧视、不尊重)。

当前影响俄罗斯老年学习的因素是：没有法律法规；缺少培训及其方法的文献，教育工作者没有经过培训；没有老年人参与社会的机制；没有老年教育的具体技术和方法。

(四) 老年教育工作者的培养

目前，高等教育中没有专门的成人教育工作者的培养。

老年教育工作者主要通过培训、研讨、工作坊等获得学习机会，实际技能通过练习、游戏和实际工作获得。教育工作者获得互动能力、交流技能和老年工作技能。没有理论学习和教学法的学习。培训工作没有制度，没有形成制度，都是短期培训。正在准备建立老年教育专业人员培训再培训、经验交流、综合实践活动、资料国内外实践案例搜集的专门中心。

(五) 案例

1997年在国际机构的支持下，建立了一所"金色年龄人民大学"。最早开设的课程是与老年人有关的法律、经济和家庭的信息和知识，根据老年学习者的愿望和兴趣确定学习规划和主题。它们学习了教会历史、建筑学、手工、绘画、经济、家庭理财以及园艺的秘密。10多年来，数千名老年人和其他年龄段的人参加了学习。人民大学还为老年人提供了分享自己生活和经验的机会，为此设立了一些新的项目：诸如"老年人的权利""我的初恋""一张照片的故事""我的童年""谈谈咖啡""俄罗斯的老年人""健康的生活方式""快乐和幸福"等。还包括记忆训练、北欧步行和舞蹈、合理营养、气功。每年约有6 000人参与学习。

26. 法国的老年教育

（一）起源

法国老年教育较早可能是 1962 年的《拉罗克报告》，其中提出了老年学习。立法并没有专门提到老年教育，只提出生命的各阶段和所有人的继续教育。1973 年在图卢兹建立了第一所第三龄大学。

（二）第三龄大学

第三龄大学是法国老年教育的标志，并掀起了一场第三龄大学运动。它的建立不仅标志着一种新的教育机构的建立，而且意味着一种世界性的新的教育理念的出现。从老年学的角度，第三龄大学有 4 个目标。它们是：一是提高老年人的生活质量；二是实现与其他年轻群体同样的老年人终身教育项目；三是开展老龄化的研究；四是实现老年人的初始和终身教育。最初第三龄大学的课程内容主要集中在老年学领域，后来慢慢转向了人文和艺术。1980 年建立了第三龄法国联合大学，建立了许多成员学校。这一时期的老年大学比较强调其学术性，保持其高质量，与原有大学的联系，等等。即便如此，老年人对第三龄大学还是非常感兴趣。因为这为他们提供一种退休后继续参与活动的可能，了解他们在老年时期身体、心理和社会方面的变化。

法国还一直特别重视对老年教育的理论研究。

（三）当前的发展

法国的老年教育虽然没有立法，但发展势头良好。大部分老年教育由非营利机构提供。2001 年法国经济和社会理事会在其报告中强调了退休老年人终身学习的权利，并指出法律中没有包含这一点。

目前，第三龄大学在一些城市仍然继续存在，并日益成为一种非营利机构。除了开展一些讲演以外，其他方面都发生了很大变化。各种非营利机构主要提供信息技术课程、娱乐、公共交通安全，以及对年龄较大的驾驶员的安全教育。

另外还有一些培训项目，诸如如何防止跌倒摔伤，摔倒后如何护理，直至康复。此外还有防止认知老化的项目。10～15名老人为一组，由受过专门训练的志愿者带领他们做一些保持认知功能的练习。这些练习是有韵律的，包含在休闲和训练模块中，是有趣味的。包括注意力训练、信息组织技能、重现技能、时间和方位的确定、帮助记忆的方法。除了激活大脑的活动以外，还要帮助他们建立社会联系，以便在15个培训课程之外还能坚持训练。这一培训课程的目的就是，学会发展和保持大脑的能力，使大脑工作，降低恶化，促进其向社会和物质环境开放，提高自信心。这也是防止老年人孤独的培训项目。尽管这些活动都是教育和学习活动，但在法国都尽量避免使用"培训""课程""上课"这些词汇。一般称为"项目"或"工作坊"。

法国的老年教育特别强调理论基础和科学性，以上的培训案例都是在科学研究的基础上开展的。

（四）未来预期

第一，怎样使更多老年人获得学习教育机会。

第二，是老年就业者的培训。这是一个新的挑战。是与年轻人分开培训还是一起培训？怎样根据他们的认知能力、经验和动机开展培训？

第三，包含学习内容的休闲活动。图书馆、老年组织、一些基金会和政府服务都提供此类活动。例如，卫生部于2003年就出版了小册子，告诉老年人夏季怎样应对热浪的袭击，怎样采取措施，转变和调整行为方式，避免受到伤害。

第四，老年志愿者培训。目前主要侧重在儿童辅导和组织老年人绘画工作坊两项上。

第五，健康与治疗教育。主要是使老年人掌握一些具体技能。

27. 韩国的老年教育

韩国社会老龄化速度非常快，2017 年 65 岁以上人口为 14.0%，2026 年将达到 20.8%。这不仅对劳动力市场产生重大影响，而且对社会安全稳定意义也非常重大。

此外，韩国城乡分隔也比较严重。乡村老年人口多，留守老人多。农村老年人口占比是城市老年人口的一倍。但是老年教育设施和社会服务机构主要在城市，制约了农村老年人口的利用。

（一）社会文化特征

一是老年人口自杀率很高。60～69 岁人口中，每 10 万人的自杀人数为 40.7；70～79 岁人口中，每 10 万人的自杀人数为 66.9；80 岁以上每 10 万人中自杀人数为 94.7。

二是教育程度低。2011 年的调查显示，65 岁以上老人中有 31.6% 为文盲，从来没有进入过学校学习。另外 35.4% 的老人仅有小学文化。这种代际教育的差别会使人产生在社会中无能为力的感觉，也是提高生活质量的巨大障碍。

（二）老年学习项目

●老年学校。这是最普遍的一种老年教育形式，共计 278 所，由韩国老年协会运作。其目的是解决东西方价值观的冲突、老年和年轻人的冲突，建设适应现代生活的新合作框架，通过提供知识和健康生活技能，帮助老年人创造新生活。学校没有固定课程，根据韩国老年协会的要求，至少包括：老年课堂教育、老年人参与社区活动、国家时事以及培育公民责任。

●老年学院。这是高一级的老年学校，由韩国老年协会管理。这类学校在规模、财权、社会认可方面都更具声望。这里的设施水准和工作人员更加符合老年人的需求，专业人员也接受过老年教育的培训。典型的项目为3年，学习结束可获得课程证书。这一证书，可以申请其他学校的项目。估计已有314名老人学习结束获得证书。

●大学附属终身教育学校。这是一种新型的老年教育形式。它是由韩国教育发展研究院终身学习中心批准建立的，教育部经营管理的。其主要目的是通过对管理人员和工作人员的再教育更好地为老年人服务，并培训老年教育专家。课程分为两类：一类是为老年人的课程，另一类是培训老年教育专家。现在有300多所这类学校，其中36所提供老年人学习。课程内容涉及社会福利制度、卫生保健、公民与经济、公民与政治、社会变革、文化和国际关系理解以及其他科目。随着韩国日益步入老龄化社会，"银发产业"期望很高，对老年教育专家的培训项目剧增。

●老年教室和老年福利中心。这些中心的主要目的是提供各种咨询、卫生保健、娱乐、文科教育和其他主题以满足老年参与者的学习需求。共有100多个中心，其中老年福利中心设有常规课程和专门课程。常规课程可分成两类：一类是与卫生保健相关的课程，如健康问题诊断，预期寿命的延伸、卫生保健；另一类是文科或与兴趣相关的课程，如现代舞、民间舞、传统韵律操。

●卫生与福利部附属社会福利中心。这里大多数的项目都是终身教育。主要目的是满足老年人参与社会活动的需求，为他们提供多样化的和充分的学习机会。对象不仅是老年人，也覆盖妇女和残疾人。2014年共有443所中心。为老年人服务的项目有：体育锻炼、兴趣、算数、民族特征、郊游和尊敬长者的活动。学习途径主要是休闲风格的，侧重个人兴趣的发展。

●宗教组织附属的学院。天主教的学校100所，基督教老年教育协会的学校400所，包括传教与教育。

●社会服务以及其他兴趣小组。如母亲教室、韩国母亲协会、韩国妇女协会、韩国青年协会、全国红十字会等也开展一些老年兴趣活动。

(三) 局限性

韩国的老年教育很大一部分是由福利机构提供的,社工人员没有接受过充足的作为教育工作者的专业培训,没有在公立学校工作的经验。而社会对老年教育工作者的需求与对这些人员的培训市场之间极不平衡。2000—2007年仅培训了1 000多人,有些人还没有从事此项工作。从老年学习者角度看这是无法接受的,浪费了他们的时间。

因而,虽然开设的课程很多,范围很广,但是无法满足教育需求不同、教育背景不同的老年学习者的需求。例如,老年教育项目大多提供休闲和兴趣活动,却忽视了老年人的心理需求和专业需求。另一问题是,忽视了城市与乡村的不同需求。老年教育工作者的培训需要培训如何测评老年人的学习需求,从而设计适合他们的学习风格。

根据官方的"老年人调查资料",57.9%的老年人希望继续工作,其中34.3%的人是为了生活,17.4%是为了快乐和获得满足感,保持健康的占1.6%,为社会作贡献的占1.1%。当大多数老年教育项目只是娱乐项目,与老年人的需求不符合。老年人不想成为外人,教育项目应使他们与劳动力市场和社会联系起来。

28. 荷兰的老年教育

（一）发展轨迹

早期老年人的参与度并不高。追求个人发展和期望更好地理解社会并不能自动导致参与学习。许多老年人主要根据自己的爱好选择休闲和语言课程。这些课程是否能够满足他们的需求不得而知。也有许多老年人觉得自己太老了没法学了，有可能是由于他们离开教育和学习的时间太长了。因此，1989年的调查表明，觉得自己太老了而不参与教育，成为那时通常的理由之一。

不参加小组学习的低文化人群通常是那些技能和知识都很少的人，时常还有健康方面的问题。他们曾经从事的工作大多是体力劳动，工作条件差。

荷兰老年教育参与率低，是与那一代人的文化低密切相关的。

老年教育早期也没有得到社会重视。20世纪80年代前，老年教育几乎没有得到关注。学习被视为年轻人的专利。一旦退休，在不能行动之前就是享受休闲时光。尽管人们也相信，对年长者来说，剩余的时间很重要，但并未将其转变为学习需求和学习活动。而仅仅看作是个人的事。一说老了，常常被视为多病、失去能力。1987年，只有10%的60岁以上老人有兴趣愿参与教育活动。荷兰的老年教育正是从那时（20世纪80年代）发展起来的。

老年教育创新模式。当时英国的老年教育创造了一种老人帮助老人的同伴互助模式。到20世纪80年代末，荷兰借助这种模式开始提供广泛的老年幸福课程。"同居养老"正是在那时由老年人发展起来的，在 90 年代很流行。此后，健美、舞蹈、瑜伽和太极拳也流行起来。

老年正规教育。荷兰老年人可以利用所有形式的正规成人教育，但参与者大多是条件好的人群，收入、文化双高。因为正规成人教育费用高，而在荷兰老年教育是没有拨款的。这种情形是与欧盟各国的情形一致的。荷兰 2011 年 50～74 岁人口中只有 8.4% 参与了正规成人教育与培训，而同一年，欧盟的数字是 4.4%。在欧盟 27 个成员国家中，2011 年 50～64 岁的人口中 36.5% 参与了一定形式的正规教育。

非正规与非正式教育。荷兰老年人主要是参与非正规非正式的学习，这些学习活动是根据老年人的需求开展的。包括早期的讲故事小组，后来又根据瑞典模式组成了学习圈，以及瑞士的记忆训练。20 世纪 90 年代，荷兰老年教育进入巅峰。这时老年教育转向了志愿服务，特别是对老年人的家访，以及讲故事、跨代项目、生平学习（讲述自己的生平）、怀旧活动。

后来许多这样的老年教育项目消失了，主要原因是经费削减和机构组织等问题。但同时，老年人仍积极参与荷兰的志愿活动和各种各样的以增强老年人能力和提高老年人志愿技能的项目。多年来，老年志愿者项目一直是老年非正式教育的一种极好的方式。到 20 世纪 90 年代，老年人已参与所有类型的教育中。计算机课程、建立老年网络联系都是最流行的课程，还有民众中学的语言课程以及第三龄大学的同等学力课程。

（二）当前的发展

1. 当前荷兰有一些具有稳定经费来源的开展广泛老年教育的机构。

HOVO。服务于 50 岁以上的老年人。内容主要是：那些有益于探索新的科学领域、找回原有的科学爱好、继续自己原从事的科学领域。共建有 16 所学院，约 2 500 名学员。

同业项目。这是一个由地方行业联系起来的组织。50 岁以上的人作为志愿者，将自己的专业技能和知识传授给其他人、其他非营利组织或企业家。不提供廉价劳动，只提供咨询。他们也组织城市间旅行、徒步、骑行等。共有65个城市加入这一组织。

老年专家团。这是一个非营利组织。他们不从事商业性咨询，为发展中国家的企业和新兴市场服务。特别鼓励当地企业、自谋职业和中小企业的可持续发展的咨询。他们成为当地经济发展的一种推动力。该组织有3 200名志愿者。

SESAN研究院。该院有80名55岁以上的咨询人员。主要为志愿组织提供组织和管理经验及知识。它们是以美国的积极老龄化研究所项目为模板的。

老年人网。要求每个成员都能够利用计算机和互联网，这是一个非营利组织，使命是使所有老年人参与和融入数字社会。共有3 000名志愿者，400个学习中心，14万成员。

Levensloopacademie。这个组织提供生活课程教育，45岁以上的是"中年劳动力资源"课程，65岁以上的是"健康与照料"，75岁以上的是"新的年龄"。

2. 实际工作。

利用互联网和社会媒介。到2012年，1/3以上的75岁以上的人在网上浏览，男性多于女性。76%的65~75岁的人在网上漫游。有人使用电子邮件，有人搜索信息以及网上银行并利用网上便利，安排旅游、阅读报纸、看视频、听广播。脸书也越来越吸引老年人。此外，他们还有自己建立的网上社区。

跨代学习。2000—2003年发起了一项创新活动，就是跨代学习，在所有年龄段的人之间建立起邻里关系。这项活动与当地机构合作。这一项目受到美国的启发。这个项目主要是通过文章、工作坊、会议和网上开展。不同年龄段的人一起，时常是三代人共同分享。从2006年开始，实施了"银发力量"，提高年长一辈的地位：主要是充分利用年长者潜力，在社会上消除对老年人的刻板印象（即老年人无能等）。

老年移民。这一项目始自 2015 年。这些老年移民，首先是身体差，福利低，文化不同，属于小群体。来自许多不同国度，他们原有的文化程度差异很大，有的只上过小学，有的没有文化。其次是不懂荷兰语，无法与家庭以外的人交流。主要是通过可信赖的个人与这些移民老人口头交流，使他们掌握新知识。

成人基本文化技能教育。根据英国的模式，荷兰开发了"为生存的技能"项目。将电子教材与纸质教材结合，在线学习与面授结合，开展学习，以降低功能性文盲率。

29. 马来西亚的老年教育

马来西亚社会的老龄化速度很快，农村地区更快，但大部分老年人生活在城市。从地域和社会经济特征看，马来西亚老年人是各种各样的。据20世纪80年代一项案例调查显示，60岁以上的老年人中有73.2％没有上过学。2010年人口调查，这一比例降到了56.5％。同一时期，接受过第三级教育的老年人的比例从0.4％上升到3.7％。由于国家独立前教育不发达，今天的老年人很多都没有达到中等教育水准。

正规教育中的老年人。马来西亚理科大学开展了一个为50岁以上人士的创新项目，凡是达到最低限度"马来西亚教育文凭"资格和10年相关经验的老年人，都可以注册成为全日制大学生，享受50％的学费优惠。第一批6名毕业生于2008年毕业，但此后响应的学校并不多。

非正规非正式学习。大多数老年人主要参与的是非正规和非正式学习，主要是宗教的和休闲的。

马来西亚全国老年组织协会设有40个俱乐部。卫生部建立了以诊所为基础的老年人俱乐部，超过200家，老年人可参与有组织的徒步、研讨和其他健美或健康活动。还有22所老年人日间中心也开展老年活动，它们也与非政府组织合作开展活动。

第三龄大学。起初，马来西亚的第三龄大学是由政府资助的。它的目标是：

通过终身学习激发老年人的潜力、能力和经验。

改善老年人的社会、经济和文化参与，以实现积极的和丰富的老年生活。

增加老年人的参与机会，为国家发展发挥作用。

课程的目标是使老年人为了多种目的，掌握新知识、新技能和获得新经验。例如致富，自我提升。

第三龄大学的每门课收费10美元，一般为4～8周，每周1.5～3小时不等。有些课程不在校园里上课，特别是与其他单位合作的课程。每一项目结束时，要求反馈，还有评估，证书颁发仪式，以及展示学员成果。没有考试或测验。

第三龄大学没有入学要求，谁都可以参加。每年都可以选择和申请任何课程。

目前该大学已有近百名邻近地区的老年人来学习。共计有600多名学员，学习50门不同的课程。其中64.7%是妇女，94.6%的人接受过一定程度的中学教育。在开办以来6年中，50～84岁的老年人每人平均每年学习90～120小时。

当前马来西亚第三龄大学的项目由该国社会福利部直接支持，由老年人自己运作项目。

这些项目已经向全国铺开，并且与政府其他部门或非政府组织合作，且已经开展了一些新的项目，如培训老年人成为信息与交流技术的教师和推广者。有时他们也参加老年研究所的研究活动，如教科文支持的跨代学习项目，以及城市银行基金会支持的成年妇女获得财权的项目。

这些项目已经不仅仅是为了休闲的学习平台，而且成为动员其他老年人的力量，且对社会融合、自我发现、建立更加广泛的社会联系都起到很大作用，使老年人自身及其伙伴都得到了提高。

马来西亚当前面临的最重要挑战是从传统福利的老年观转变为老龄社会的"积极老龄化"。

30. 美国的老年教育

（一）起源

可以从三个方面来看：

首先，预期寿命从 1900 年的 49 岁稳步提升到 2013 年的 78 岁。"二战"一代得益于联邦的法律，大量老兵得以进入学院或大学，许多人是家庭中的第一代进入学院者。1940 年仅有 4.6% 的美国公民完成了 4 年或更多的学院的教育，到 20 世纪 70 年代增长到 11%，2010 年更攀升到 30%。这种教育成就是老年终身学习的强有力的预示。

其次，随着美国生活的日益富足，产生出了前所未有的受过良好教育的中产阶层和中高阶层。"退休"概念发生了巨大的转变，对老人角色的期望大大提升，从过去的"解脱"变为"老有所为"。因而，当老兵一代到达退休年龄，许多人愿意得到为个性发展或提高技能而继续学习的机会。

再次，老年教育的发展也是日益兴盛。1949 年建立了老年教育协会，是一个带有专业性质的组织。1955 年出版了《教育为老年人成熟服务手册》。1965 年颁布《美国老年人法》，其中提出要支持建立多功能的老人中心。早期老人中心的课程主要集中在艺术班和手工班、健身班、合唱、舞蹈、宾果游戏上，并设立了用餐场所，提供健康营养餐食。后来逐渐开设了历史、文学、宗谱、写作和戏剧等课，但每一个中心的课程不同。1971 年召开了"关于老龄化的白宫会议"，支持初级学院等探索满足老年教育需求和提高老年人生活质量。初级学院根据《高等教育法》和《美国老年人法》聘用协调员或兼职项目指导者设计和实施老年教育。为老年人提供知识技能以顺利应对退休和角色变化是这些早期项目的共同的理论基础。

那时，国家老年教育的统计数据往往只包括接受与工作相关的职业培训的老年人和接受基本文化教育的老年人。其他往往不包含在内。

(二) 项目类型与主办者

这里介绍的主要是自20世纪70年代以来长期发展着的项目。

终身学习所。

1962年，一批退休者在纽约社会研究新学校（现在的新纽约大学）创立了退休人员学院。在这一模式的基础上，20世纪70年代中期，出现了以学院和大学为基础的终身学习所。退休人员学院侧重邀请对知识主题与小型研究感兴趣的并对这种研究作出贡献的人。这是一种同质人群的老年活动。到20世纪80年代，这种活动迅猛发展。到2013年，约有400多个这样的项目，基本都是以学院或大学为基础的。这种形式与英国和法国的第三龄大学不同，美国的这种终身学习所侧重专家主导的模式，而不是合作研究。

这种组织的几个特点是：退休人员负全责或部分责任，他们所挂靠的大学或学院提供场地或行政服务。由于经费方面是自筹，就要求参与者除了提供义务劳动和领导外，还要支付部分个人继续教育的费用。这种做法是前所未有的。此前的项目都是政府支持或基金会支持的，所以都是有项目结束时间的，缺少可持续的基础。

后来，它们与老年旅馆协会网联系，一起开发了课程及其副产品，启动一个终身学习学院，出版月度通讯。

2000年，它们得到了伯纳德基金会的支持，建立了122所Osher终身学习所。到2015年，还有119所存在，有151 000名成员。它们每年召开一次年会，通过网络分享经验与观点。在南缅因大学建有协调办公室。2006年开始出版年度杂志，登载其成员和研究者的特色文章，2011年停刊。

谢菲尔德中心。

谢菲尔德中心是一个以忠诚为基础、志愿者运作的非营利的社区组织。它们承诺为老年人提供服务和项目。1972年在堪萨斯建立起第一个中心。迄今在21个州建立起60个中心，有9 700名志愿者服务于34 000名老人，目的是使老年人获得能够创造、有为、有意义和相互依存的生活。它们一般一周、两周或一月上课一次，使老人们互相分享知识、技能、特长或兴趣。这些老人既是老师又是学生。它们还建有志愿者委员会，项目决策、课程、教职员、评估等都由这一委员会决定。委员会成员应具有教育、公共关系、管理、艺术、卫生或文秘服务的背景。

OASIS。

OASIS是"老年服务与信息系统"的英文简称。1982年，一名艺术教育工作者提议在圣路易斯百货公司为老年人开展健康和教育项目，后来在OASIS中心开展了教育、文化、健康和志愿活动，为老年人提供在社区中保持独立和积极性的机会。OASIS是一个商业、非营利组织和健康护理的共同体，目的在于丰富和挑战50岁以上人口的生活质量。

OASIS全国办公室负责制定项目标准、全面管理和运行指南。每一中心都有自己持久的活动空间。目前全国43个城市建立了OASIS中心，服务59 000名学员。课程包括视觉艺术、音乐、表演、创造性写作、热点话题、历史、科学、体育锻炼和健康。许多课程是与当地的医疗、文化和教育机构合作的。志愿者也起到了重要作用，他们接受了相关训练，为老年朋友提供支持，教授社区课程，并在跨代项目中帮助年轻人。2012年，共有7 900名志愿者提供了505 000小时的服务。当前该组织的宗旨已从过去"丰富50岁以后的生活"转变为更加包容的"发现50岁以后的生活"。

老年网。

1986年，费城在基金会的支持下，为了鼓励老年人发现计算机获取信息和交流以及利用相关软件的益处，建立了这一网站。现今，3 000名志愿者以及少量国家工作人员支持这一网络。全国共有65个学习中心，包括印第安人保护区以及边缘的地区。

老年中心。

这是20世纪70年代根据《美国老年人法》而发展起来的一种机构。现在共有11 400所老年中心，服务于100万以上的老年人。包括社区的、市的和县的，但它们之间没有隶属关系，各自独立。这些机构提供餐饮、营养教育、健康教育、就业服务、交通支持、社会工作服务、教育活动、创造性艺术活动、娱乐、领导力和志愿服务机会。娱乐教育根据不同社区的资源和兴趣确定具体内容。比较一般的活动包括绘画手工、自然研究、科学与户外活动、表演、体育活动（如太极拳和瑜伽）、舞蹈、棋牌、专门的社会活动、文化学习活动、远足、各种兴趣小组、演讲、报告、电影、论坛、圆桌会议以及社区服务项目。大多数活动是免费的，也有收取少量费用的。老年中心的经费来源主要是地方政府、州或联邦授权的项目，以及慈善捐赠。70%参与活动者是妇女，其中半数独自生活。大多数是白种人，其次是非洲裔、西班牙裔和亚裔。平均年龄75岁。

老年游学营。

1975年始建于新罕布什尔大学。它是一个费用不高、以一周为期限、以校园为基础、寄宿制的为55岁以上老年人服务的项目。这一形式发展很快，很多大学和学院都设立起这种项目，并发展到海外。一开始，仅仅是作为一种游学项目，使那些没有机会进入大学的老人体会和体验学院的智慧生活。很快这一非营利项目就获得巨大发展，而且诞生了许多竞争者，它们面对各种类型的消费者，满足不同老年人的需求。2012年共有100 000名参与者。

老年剧团。

1999到2010年剧团从79个发展到791个。近年，美国国家老年研究所资助了一个老年剧团培训项目，其目的是将社区艺术作为学术研究计划的全国性创新项目,从而获得参与艺术项目者在健康方面的获益状况。

社区学院。

社区学院长期以来一直服务于本社区的居民,而且不分年龄,老年人可以从中获益。根据社区的政策,许多社区减免了60岁、62岁和65岁老年人的学习费用。近期的一个创新是美国社区学院协会的"50+"创新项目。项目始于2008年,在5所社区学院开展,侧重"婴儿潮"时期出生一代的学习、培训、再培训和公民参与。这一项目的缘起是经济衰退之后,很多"婴儿潮"一代长期失业。但许多"50后"人群仍然希望重新回到学院学习和培训获得就业技能,以寻找新工作。本项目的对象就是50岁及以上的人群。2013年已有100所社区学院开展此项目,覆盖24 000名学习者。

2004年美国教育学会层层开展了一个名为"老年人与高等教育"的项目,主要研究老年群体的构成、他们在高等教育学习上的动机、需求和障碍。提出的建议包括克服经费短缺、通过公共交通安排适宜的日程和入学、同伴互助等。

其他资源。

诸如犹太人社区中心、艺术博物馆、医院和工会等。这些机构都吸引了大量成员,开展了不分年龄的教育活动,吸引了50岁、60岁和70岁的老人参与。20世纪70年代,美国出台法律,支持65岁以上老人接受学院和大学教育,但需要收费。此外还有企业支持的老年职工的职业技能再培训,以及为退休做准备的培训课程。

体育、比赛和健康。

这些方面常常并不包括在老年教育的讨论范围,但它也是老年学习的机会。55岁以上人口构成了健美中心迅速增长的主体。此外还有画画、舞蹈以及编织,并参加比赛展示老年人的作品。

附录 部分国家的老年教育政策与实践

31. 日本的老年教育

（一）背景

日本是个没有被殖民过的国家，语言单一，民族几乎也单一。日本人尊重教育，实行统一的课程标准，有文化人的比例很高。日本人也比较尊老。

日本是世界上老龄化程度最高的国家之一，面临人口老龄化及其带来的社会问题。日本人的预期寿命是80.5岁。2014年，65岁以上人口占比为26.7%，75岁以上人口占比为12.9%。退休年龄为60岁，领取养老金年龄为65岁。所以对老年劳动者来说，就要提供退休前教育，还要提供调解工作。日本设有1 300个为老年人的就业服务中心，75万老人利用这个中心。退休后，有人还继续从事半日制工作或做志愿者，或参与社区活动。志愿活动包括在公共图书馆为儿童讲故事，在博物馆或旅游点做引导员，或照看小孩。

现在也是一个终身学习的时代，过去一直都称为"社会教育"。1988年文部省重建，1990年实施"终身学习促进法"，老年教育被纳入其中。日本的老年教育主要由福利卫生省负责。

（二）老年教育的沿革

1. 文部省提供的老年教育主要是公民馆，比较普遍。主要活动是名著欣赏、艺术、园艺、老年体育、社会问题、健康主题等。

1965年文部省开始补贴城乡的老年教育中心。1981年提出要充实老年人的学习和社会参与。1989年开始资助县开办老年学习中心，那一时期建设了约20个老年学习中心。20世纪90年代，日本遭遇长期

153

的经济衰退，国家和地方的管理和财政都发生了变化。许多老年学习中心都缩小了，有的关闭了。这种情形在21世纪进一步加剧。很多老年学习项目委托给注册的基金会、非营利组织或指定的管理机构。

2. 福利卫生省支持的老年教育情形也差不多。

（三）老年教育成功举措

1. 教育系统：老年人的公民馆课堂。这种形式建立在每一社区中。内容主要包括：通过学习，实现卫生保健、建立社会网络联系和社区参与。千叶县的老年学院，课程分为四级，学制四年。分别为见面、谈话、深化和互动学习。四年级的互动学习，是邀请三年级学员教授自己三年级学过的东西，反过来，三年级也邀请四年级学员来讲授。学员和教师不断转换角色，共同学习。这是这一系统的规则。

2. 福利系统：大型老年学院。政府福利系统的老年教育主要是老年学院。兵库县的 Imanino 学园建于1969年，也是四年制，一年学员超过34 060人。内容包括园艺、健康与福利、文化、陶器制作等。也开设2年制的大学课程，可招收学生50名。广播学习课程，可招受500名学生。这一学园建有自己的校园。

3. 针对老年人的传统大学高考。2005年日本开始在传统的大学为50岁以上的人设立专门的高考。主要有两类课程：综合类型和分离课程。前者接受老年人参加与年轻人同样的学习中，也要积累学分才能毕业，包括体育和外语。后者是为老年人的专门学习，教材、教学方法和课程都与传统大学不同。现在都在把这两种结合在一起实施。这种混合课程吸引的老年人最多。兵库县田园学园女子大学专为50岁以上老年人的课程有三科：历史、全球文化和信息科学，可接纳110名学生。毕业以后，可成为老年研究生，可以继续学习。全校有300名老年研究生。她们与传统女大学生是分开上课的，她们可以使用学校图书馆和学生活动中心，所以可以享受校园生活。

4. 大阪非营利组织的老年学院。该校2009年建立。2014年共有68个班，2 000多名学生。除了日常课程，还组织许多活动，如班会、学习圈活动、为社会作贡献活动、讨论课等。这是一个老年志愿者自己管理的学院，因此出现了许多促进老年学习的自己的想法。如只要空间容许，不论年龄大小，不论距离远近，谁都能来学习。课程根据老年人的兴趣和学习需求。2014年的课程就有12个历史班、7个绘画班。老年大学运营的理论就是，通过学习促进健康、丰富友谊联系、社会参与、社会作用。

5. 图书馆为老年人服务。为了适应老龄化社会，公共图书馆努力吸收新观念并采取措施为老年人服务。早前的服务主要侧重在设施方面，斜坡、灯光、椅子、大字号书籍等，现在如岛根县的一间乡村图书馆开辟了人生回顾室——一间档案室，专门讲述社区的历史。在这里可以讲述当年的故事，开展代际活动。城市图书馆的服务是把图书馆建设成学习、放松和休闲的地方，使图书馆成为公园的一部分，购物中心、树林、社区设施俱全，老年人可以在这些地方溜达，使老年读者可以较长时间在这里享受。图书馆成为了一个综合设施。

（四）老年教育意义的新思考

现在日本的老龄问题与过去两大不同。一是健康老人比例数量增加，全国的调查显示可达80%（2013年）；二是第四龄（85岁以上）老人增加。这意味着，当前日本教育创新的主要对象是健康而活跃的老年人。10年或更长时间后，第四龄教育将成为迫切问题。

过去的福利服务主要针对的是需要支持和保护的老年人。福利政策重点是学会利用福利服务（基于福利的学习）和娱乐。老年教育主要对象是健康老人在社区学习中心的教育，都是在"预防护理"的名义下的活动。仅仅延伸和扩充这种活动是完全不够的，需要新的教育和终身学习的思考。关于老年人的概念变了，这是由于新一代老年人从生活方式和价值观都发生了变化。他们可能受过高等教育，没有经历过战争，却经历过经济增长。他们的生活方式对传统观念上的同质化老年人（老年人都是一样的）和把老年人等同于衰老的观念都是挑战。

老年教育观必须转型。1973年有人就提出，老年教育的本质是

"产生积极结果的肯定性企业"。此后又有人支持了这一观点，康复和照料只是一部分，学校类型的教育也只能是一部分。终身学习更加直接也更有意义。但是终身学习背后的老年观和老龄化的社会概念，都需要重新定义。与其用负面意义的老龄化，还不如使用"积极老龄化""人老心不老""创意老龄化"。这些正面的说法本身就能够赋予老年人更多的力量。

当前日本老年教育考虑的主要议题是：

1. 第四龄教育问题。他们的身体状况可能比较差了，所以远程学习、ICT 工具可能成为他们学习的主要途径。回忆和生活史应成为主要方法。预防痴呆和死亡教育也很重要。

2. 必须消除老年歧视。既要认识到老年人有衰老的一面，也要看到教育和学习对延缓衰老的作用。特别是要看到那些特别积极的老年人的案例。目前这些方面的科学研究都还很少。

3. 需要新的老年教育课程。传统课程主要是名著、文学、园艺、简单训练、与福利相关的话题，以及文科的内容。现在需要对新生活方式下预期寿命更长的老年人设计新的课程。其显著特点是：由老年人为老年人开发新课程；开发新的学习途径，如使用网络等。

老年人的学习分为两种。一种是生存需要的学习，包括读、写、计算、健康、医疗、经济、法律事务和家庭事务。这些与老年人的切身生活相关，不可或缺。另一种是"自我超越的需求"，包括艺术、名著、历史、宗教和人文等。老年生活存在的独特性是以接近生命的极限为特征的。因此，超越这种生命限制的老年人的主要需求是学习一些"永恒"的东西。

34. 新加坡的老年教育

新加坡已经成为东南亚老龄化最快的国家之一。2013 年，65 岁以上老人占总人口的 11%，到 2030 年将达到 19%。2011 年新加坡发布《退休与再就业法》，要求所有雇主为没有达到国家规定的退休年龄 62 岁的老年人提供再就业机会，合同可以延伸到 65 岁。其结果就是诸如劳动力发展局等机构迅速增加课程，提供给这些年长的工人，提高他们的知识与技能。

大约到 20 世纪 90 年代，老年教育还仅仅是少量的非正规学习。但南洋艺术学院为满足老年人的需求提供了一些技能学习，如书法、水墨画、雕塑和陶器。完成课程者可以得到证书。

政府支持的社区中心共有约 100 个，提供一些促进自我发展的短期课程。老年人的比例只占很小部分。进入 21 世纪以来，事情有了重大转机，老年学习的机会日益增多。诸如以下这些非正规和正规教育组织：

1. YAH 社区学院。
2. 飞跃积极老龄化学苑和金色老龄化学院。
3. 第三龄学会。
4. 老人俱乐部。
5. 社区学院。
6. NUS 继续教育学院。
7. 成人学习研究所。
8. 退休老人志愿计划。

9. 老人中心。

10. 四所主要大学提供的大学课程，以及几所私立大学提供的大学课程。

当前影响老年人参与学习的主要障碍：

1. 态度。诸如害怕、没有自信心。也有人认为没有时间，负担重，或者认为"这么老了不用学了"。

2. 客观原因。语言障碍，如有些老年人不懂英语，但教学大多使用英语。健康状况差，家庭或朋友不支持等。

3. 制度原因。费用高，设施不适合老年人，老年人缺乏终身学习意识和机会，教学速度太快。

新加坡更多使用"学习经济"，而不是"学习社会"，这也反映了新加坡社会对学习的经济价值的强调而不是学习的内在价值的认识。新加坡也没有关于老年人终身学习的立法，政府主要是资助年长的在职人员的针对性课程。

33. 意大利的老年教育

意大利是世界第二大老龄化国家,仅次于日本。在过去50年中,意大利60岁以上老人比例从12%上升到24%;80岁以上老人在2005年前后已经达到5.3%;过去10年间,代际人口比上升迅速。2003年,每100名15~64岁年龄人口中包含26名60岁以上人口。老龄化程度在意大利南北方的差距是很大的,北部和中部60岁以上人口占常住人口的21%,南部仅为18%。老龄人口中2/3为女性。

意大利老人有各种机会参与各种主题或目的的学习活动。这些活动既包括专门为老年人组织的活动,也包括面向任何年龄人群的活动。他们也可以参加为在职人员开办的获取证书的培训课程或继续教育课程。例如20世纪70年代以来开展的成人中等学校教育,现在已成为成人教育中心,还有职业培训中心。这两个机构的学习者,不受年龄限制,面对在职或失业人群。

(一)第三龄大学

第三龄大学是专门为老年人开办的教育机构,这里组织课程、大会、圆桌会,并配有图书馆等。第三龄大学遍布全国,一般由基金会或协会建立或运作。第三龄大学得到当地政府的承认,必须满足经济、教学要求,确保教学人员的专业性和活动的连续性。政府一定程度上会资助它们的活动或课程。

第三龄大学促进文化传播,培育社区生活中对老年人的包容,并满足居民对教育和学习的需求。它们提供多样化的理论课程和实践活动:文学、戏剧、视觉艺术、历史、哲学、心理学、宗教、政治学、经济学、科学、计算机、外语、音乐、合唱、舞蹈、表达工作坊(绘画、刺绣以及修复)。课程都是根据当地社区的特点、需求和兴趣而设立的。它们主要是满足"年轻老年人"即仍然活跃、身体良好的 60 岁以上人群的需求。近几年也开始延伸为年轻人服务。计算机素养和外语受到追捧。

(二) 社区中心

另外一种重要的第三龄教育途径就是社区中心。全国约有 39 万多个这样的中心。社区中心得到地方当局的部分资助,其余部分要通过老年人的活动获取资金。组织的活动包括扑克牌、舞蹈、戏剧、短途旅行、导览活动等。也组织一些表达工作坊(合唱、图画和阅读写作)以及培养专门技能(英语、计算机和营养课等)。许多社区中心都设有图书馆,并定期组织大会,吸引社区居民参加。这些中心不仅吸引年轻老年人参加,并且也针对最脆弱的第四龄老人,鼓励他们保持活力,并建立丰富的社会关系网络。特别是在夏季,组织 70~75 岁老人的娱乐、社交和照料活动。这样一些活动氛围,目的在于大力促进各年龄段的人群共同参与活动,促进跨代交流与沟通。为此,许多社区中心专门组织能够满足各年龄段和家庭需求的活动。许多时候开设的课程也考虑到吸引更多年龄段的人,如年轻人或成年人参与。有些社区中心还为学校提供服务,向学生推荐近代史(战争、反战)或战后日常生活的书籍,也涵盖生活方式的教育。为老年服务的社区中心形成紧密的网络,在大城市中,几乎每个社区都有一个。这确保了当地的参与和社区对老年服务的多样化,满足不同社会文化环境的需要,也使有需求的老人都能够得到服务。居民年龄段多样的社区中心特别注重年轻人的参与,而老年人居多的社区则更注重为老年人的学习服务。

(三) 志愿组织

再有一类就是志愿组织成为老年学习的重要提供者。这些组织主要是提供非正规学习和自学,促进个人发展、交流或者获取技能。老年人在这些活动中获得参与的具体经验和积极的公民角色。最大的志愿组织是 AUSER，其工作就是促进积极老龄化、增加老年人在社会中的作用。其目的是：一是与对老年人的社会排斥作斗争；二是提高老年人的生活质量；三是传播凝聚和参与的文化和实践；四是提升老年人的经验、技能、创造性和观念；五是在凝聚和交流的基础上促进跨代交流。该组织的志愿者主要是老年人自身，他们获得了有关老年人服务、残疾儿童服务和其他有特殊需求人群服务的培训，也包括保护社区、博物馆监管等。他们近年来特别推进了跨代社会网络建设。在这样的背景下，各种类型的弱势人群在需要帮助时向志愿组织提出获得支持的要求，反过来他们也进而成了帮助他人的志愿者，从而创造了一种从依赖到责任和团结的局面，实现了真正的公民义务。

（四）信息技术

互联网也是老年学习的一种重要方面与途径。在意大利主要是组织基本计算机课程，主要目的是培养老年人利用信息的技能，从而避免老年人落入数字鸿沟的底层。这类课程大多由年轻人教授，有助于代际间的交流。

34. 英国的老年教育

2013年英国50岁以上人口已达2 200多万，超过人口的1/3。面对社会的老龄化，英国的政策也做出了反应，这就是准备实施新的退休年龄制度，到2046年，男女退休年龄都将提高到68岁；此外，立法也将再就业、教育和培训上对年龄的歧视定为非法。所有这些反应在劳动力市场上就是，从2001年开始，老年人口就业率缓慢上升，到2013年，65岁以上老年人就业率已达10%。

这里老年人自身发生的变化是：通过网上获取信息的老年人越来越多——这意味着一种新的独立学习形式的出现。另外，鉴于老年人对经济发展的价值日益明显，对仍然继续工作的老年人的技能开发的兴趣日益增强，这对更加灵活地理解教育和学习有着重要意义。成人终身学习必须延伸到充分考虑到老年人的学习机会。

（一）英国老年教育沿革

较早可以追溯到20世纪60~70年代。鉴于三个相互关联的因素：一是老年人参与成人教育的比率很低；二是日益认识到退休前教育的需要；三是"教育老年人运动"。1985年英国建立了"教育与老龄化协会"。他们还创办了《国际教育与老龄化》杂志，在世界上有广泛的影响。此外也举办过一些有影响的研讨和研究活动。政府还支持建立了"退休前人员协会"，针对即将退休人员生活的巨大变化，为他们设计一些教育项目。英国此前就有这样的教育项目。

另外，英国也通过全国成人继续教育研究所等机构开展专业性的老年学习需求以及活动等的研究。他们的研究为政府许多部门提供了参考——怎样提高老年人的生活质量、开展哪些有针对性的活动。

英国的大学一般不开展老年终身学习活动。但是也有例外，这就是位于格拉斯哥的斯特拉斯克莱德大学。它们在1987年实施了一项老年教育项目，起初规模很小，现在已成为世界规模最大的项目之一。它们为老年人提供多样化的日间课程和活动，也包括志愿活动机会和老年个性发展和社会发展机会。其中一些课程还可以获得本科课程的学分，相当于资格框架的第7级。这使得许多老年人感兴趣并非常渴望掌握新技能，以便重新进入劳动力市场，不论是志愿工作还是有报酬的工作。

此外，还有许多项目由于经费方面的原因没有能够维持得很长久，如邻里项目、电话讨论项目、博物馆项目、手工项目、与健康相关的项目、行动小组，以及不能走出家门的老年人的项目。此外也有为少数族裔老人和陪伴老年男性的活动。

20世纪80年代，第三龄大学在英国迅速扩大和发展。这是一种自助式的教育组织，为那些不用全日工作的老人提供教育、创造和休闲机会，大家互相帮助与合作。它完全以志愿方式运作，大家互为教师和学生。

第三龄大学的目标与原则一直沿用至今。教学活动是以低成本的小组进行，常常是在一些成员的家里。到2013年，约有915所第三龄大学，320 521名成员组成了36 000个兴趣小组。一般的活动如散步、学历史和外出。也有夏季学校、专题演讲、音乐会以及与其他组织分享学习。还有些参与当地大学的研究项目。

对第三龄大学的批评主要是：这是一场中产阶级的运动，通常吸引的是那些教育机会本来就较多的人。自助模式不可能吸引所有潜在的老年学习者。尽管第三龄大学在世界各地发展，但它存在着强烈的性别、社会阶层、年龄歧视、种族歧视。第三龄大学应提供更加广泛的教学和课程，更加广泛的包容和参与。

（二）当前的状况

当前老龄化时代经济的可持续性是困扰英国政府的一个重要问题，当前已经日益意识到 50 岁以上人口的再就业、转岗和持续就业问题。英国新的养老金制度要求他们继续工作，从而，50 岁以上仍在就业人群的培训进入人们的视野并日益引起关注。目前企业这些老职工的培训费用正在增长，企业愿意为此支付费用，特别是手工劳动行业的。但企业不太愿意他们占用工作时间去脱产学习。老职工的学习动力也时常不足，例如，早期不愉快的学习经历，严格的工作时间导致的单调和厌倦抑制了他们的学习愿望。当前必须要解决的几点：学习的法律权利；更好地并更有想象力地使用计算机进行学习；雇主提供培训机会的责任，特别是那些非标准类型的工作。

（三）对未来的预期

在英国，从来没有像现在这样从政策上、资金上和策略上对老年人教育机会如此关注。对那些仍在工作或继续就业的老年人的培训是其焦点，第三龄大学和其他创新性项目将继续扩充发展。此外还有几个新出现的趋势。

1. 跨代学习。多项研究表明，学习是不需要按年龄来分隔进行的。这就意味着教育活动可以正规或非正式的形式对两代人或三代人一起开展，可以采取多种多样的形式在代际间互相学习。例如"代际共同工作创新"，始于 2007 年，由 12 个组织合作，得到苏格兰政府的支持。项目提供信息、支持与培训。再有就是在欧盟的支持下，多国合作的跨代项目——泰迪熊项目。该项目旨在代际间分享知识与技能。在青年人学习英国 20 世纪史时，他们动员老年人参与回忆项目。这被欧盟认为是最重要的和最成功的跨代项目。此外还有旨在增进社区凝聚力的跨代社区实践活动，在威尔士也开展起来。

目前英国老龄化面临的问题和挑战是代沟、老年人的生活质量、社区凝聚力、跨代项目等。跨代项目有助于使各代学习者受益。现在需要构建跨代学习方法论框架，动员年轻一代参与，培训志愿者以及如何评估其结果等。

2. 长期康复机构中的老年人学习。2012 年大约有 431 500 余名英国人由于衰老或残疾而长期居住在康复中心。其中 95% 为 65 岁以上的人。通过教育、学习和训练活动，使他们脆弱的身体或头脑能够从中受益。这涉及许多基本理念：如究竟什么是护理照料、生活环境、人际互动、结构与过程，特别是设计一个开放的框架，其总体目标就是，通过学习，尽可能扩大每个老人的独立性。这里针对不同状况的老人，学习意味着不同的东西。英国在一家公司的支持下，建立了 2 000 多个这样的机构。他们每天开展 5 项活动，老人可以自由选择，从而可以享受一种有刺激性的有乐趣的生活。每一机构都有"怀旧邻里"，以确保患有阿尔茨海默病的患者或其他痴呆症的患者得到适当的刺激。其整体目标就是："精神熏陶（nurture the spirit）"。但这种机构费用较高，需要有较高的退休金才能入住。

3. 另一值得关注的是"第一次体验艺术"项目，为脆弱老年人提供美术、音乐和其他教育活动以及跨代活动。该项目荣获 2009 年女王志愿服务奖。

4. 再有就是第四龄教育。这是指需要依赖他人照料阶段的高龄老年人的教育。该项目使用经过培训的志愿者，一般是当地大学生，一对一辅导并使用适宜的多媒体资源。活动目的是根据老年人的身体状况，按照他们现有的兴趣或培养新兴趣的活动。总体目的是体现教育作为增进福祉、信心的工具的价值，并给予这些高龄老人以更加积极和正面的生活形态，延缓老年痴呆的侵袭。当前这一项目仅在某些城市及周边开展。这一项目也获得了奖励。但这一类项目需要科学研究和实施的紧密配合。

5. 大规模在线学习课程（即慕课）。这些课程面对所有年龄的人，一般周期为几周，当前是免费的。时间非常灵活，随时可以学习。在线学习形式通常是视频和文本，并且配合有其他形式的资源，如简单的测验，但也相当强调通过在线讨论的合作学习、同伴学习的形式。目前对这种老年教育形式的研究并不多见。鉴于这一代老年人的文化和技能，以及快速变化的社会与技术，对许多老年人还是有相当的困难。但其前景是广阔的，特别是家庭主妇和对传统学习信心不足者。

35. 智利的老年教育

根据2011年智利全国社会经济调查,在此前的20年中,从绝对数字上看,60岁以上老年人口增长了一倍,占总人口的15.6%。到2025年可达到18%。

老年人口增长,并不只是个人口问题,而是一场剧烈的社会变革,迫使我们重新思考社会参与、支持脆弱人口的社会政策、劳动和社会保障的结构、家庭关系、文化与物质需求,等等。激励社会变革、包容和老年人参与的因素之一是教育。在智利,同样在拉丁美洲,老年教育的话题始于20世纪80年代。那时主要是一些学术机构效仿欧洲的做法为老年人开设大学水平的项目。

然而,老年人的需求是多样的。首先必须是健康、养老金和住房;其次是教育、参与和融入社会(区)的权利。

(一)概念框架

智利的老年教育主要是作为一种社会干预,仍然是一个较为崭新的领域,始于20世纪80年代末。其基础是1979年联合国教科文组织举办的国际会议和1982年在维也纳举办的第一次关于老龄化的世界大会。这些会议诞生了为政府和公民社会的指南——老龄化关乎社会发展的关键以及社会对老年人的充分包容。这一指南主要涉及两大领域:第一是鼓励和重视老年人在知识、文化和精神价值方面的传递作用;第二是把教育作为贯穿人的一生的一种基本权利,是充分融入社会的一种路径,是直面老龄化过程的一种工具,是创造性地利用时间,也是那些在其他年龄段没有机会接受教育的人获得终身学习的形式。这一指南强调,教育能够促进消除对老年人的歧视。

智利的第一所老年大学努力实现指南所提出的理念,开办了自己的老年教育项目。此外,非政府组织、基金会、市政机构、公民组织都开创了各种老年教育项目和活动,以满足他们的教育需求。

(二)老年教育规定框架与政策

2012年智利政府通过了《2012——2025年智利积极老龄化的综合政策》。其主要目标是保护功能健康的老年人,促进他们在社会各领域的融入,增加老年人的幸福感。特别强调提高老年人的教育成就和职业培训,增加老年人参与社会、娱乐和生产活动的机会。确立了一些短期、中期和长期的提高老年人参与社会和教育的目标。

(三)智利老年教育的创新与大学老年教育项目

如前所述,大学是智利老年教育的先驱。但有些大学的老年教育项目由于经费和项目自身的限制,没有能够坚持下来,但是智利天主教大学的老年教育项目一直坚持下来。它们主要提供老年教育课程、工作坊或者冬季学校和夏季学校。

智利的大学主要有三项支柱性工作,即"教学"、"研究"和"延伸"。"延伸"就是指大学与社区之间的联系,参与社区的发展变化。许多老年教育项目就来源于大学的"延伸"部分。在一些相关的系科,围绕老龄化开展教学。而在研究领域,有学者对这一主题开展研究并进行调研,从而得出数据和分析,进而对决策产生作用。

大学开设的老年课程和工作坊是多种多样的,涉及老年的生理、心理和社会等多个方面,以及数字素养、认知刺激、健康的自我管理、体育、休闲活动、艺术和基本文化素养以及语言、经济等。这些项目有的收费有的免费,一般依据老年人的家庭社会经济背景和此前的学习(基础的不收费,高级课程收费——编者注)。它们通过常规的满意度调查,不断调整提供的课程,由此增加学生对学习的感情和项目的可持续性。这些老年教育活动的重要作用,不仅在于使老年人获得新知识和熟练掌握生活中有用的技能和工具,而且使过去仅为年轻人的社会空间也为老年人服务。如此，建立了新的朋友关系，项目也形成了新的支持网络。值得一提的是，有些大学为老年人提供专门培训，部分老年人还担任新的任务——旅游监督者和照护者。

天主教大学的老年课程分为教师授课和工作坊，由大学教授负责。在过去10年中约有34 000名老年学习者参与。老年学习者一般选择一两门课程，学习2~3年。这些学习者的年龄从55岁到75岁，平均年龄67岁，70%以上是女性，大多具有较高学历，希望退休后继续学习。她们更感兴趣的是这一空间作为她们日常交往、建立新的联系和新纽带的机会。她们每周来一次，每次90分钟。内容分为以下领域：

精神和个性发展。如心理学、自学工具、个人幸福和培育积极老龄化。

促进自我照料和积极老龄化。掌握一些具体技能，以促进健康的生活方式和积极老龄化。如认知刺激、记忆、长寿、营养、地中海饮食等。

文化与知识。通过对历史、文化、哲学和艺术的分析过程，提高欣赏水平和理解能力。了解音乐史、乐理并欣赏作品，如歌剧、古典音乐、合唱和音乐家的自传等。

科学与技术。主要提供天文、物理、计算机和互联网知识和技能。

艺术技能与表达。包括合唱、戏剧、表演和写自传。

（四）专业人员与研究

智利开设有为从事老年工作的专业人员的专门的证书项目和专业课程。目前已有超过7 000名学生毕业于证书课程。智利并没有这一方面的本科课程，其他拉美国家也没有。有些学位课程涉及老年工作，但是忽视这方面的训练。证书课程毕业生一般从事护理和管理、老年心理、禁毒、老年社会学等工作。

智利在老年研究方面最重要的一个研究是老年人生活质量调查。先后开展过3次，2007年、2010年和2013年。这是唯一的国家调查，覆盖老年人的生活方式、他们的关注点、他们的经济家庭社会和健康状况以及使他们对生活更满意,更加感受到幸福的主要因素。

(五) 结语

老年教育有助于培育积极的公民责任和幸福的老年生活,许多创造性的工作还有待开发。为此,需要协调社会各方面,公立私立部门、公民社会以及老年人自身。

老年教育是社会发展的一个关键部分,它是老年人直接积极参与社会和社区、促使社会包容的途径,建立社会结构间的联系。通过老年人的工作、资源创造、照料他人、家庭纽带等,使老年人的社会作用显现。理论上说,教育能够作为社会包容的工具,能够缩小社会沟壑及其对老年人的负面影响。在智利,能够明显看到,高学历有资源的老人与低文化老人之间的明显差距。传统老年课程集中在健康、文化、积极老龄化、参与度和领导力上,新的领域开发缓慢,新的需求还没有得到满足。

再者就是专业人员缺乏。没有本科课程,专业培训很少,参与的大学很少,难以满足老年教育服务的需求。

针对老龄化社会,还要教育和培养年轻人面对这种现实。当前60岁以上的人都还非常活跃,还有20年以上的家庭生活、工作和社会生活。老龄化过程应该始于出生,为老龄化做准备对个人对社会都是一个长期的挑战。教育是应对这一挑战的关键。